実用の料理

# ごはん

高山なおみ



京阪神エルマガジン社

# はじめに

「今日は何にしようかな……」と迷ったときに、
この本をめくってみてください。
どれも身近な材料と調味料でできる手軽なごはんばかりです。

# 調味料のことなど

塩は天然塩、黒こしょうはひきたて、酢は米酢、みりんは本みりん、オリーブオイルはエキストラバージン、ごま油は香りの強すぎないものを使っています。料理酒は甘みがついているので、飲む用の日本酒を使ってください。どれも特別なものでなくてもかまいません。近所で買える調味料を。ごまは「いりごま」と袋に記してあっても、使う前に空いりしてみてください。ちょっとしたことですが、料理全体が驚くほどいきいきと香り立ちます。

## 第3章 ちらしずし、混ぜごはん

## 第4章 どんぶり、小どんぶり

### どんぶり



### 小どんぶり



## 第5章 盛り合わせごはん



### 盛り合わせごはん いろいろ

「料理をはじめる前に」

・計量の単位は小さじ1＝5㎖、大さじ1＝15㎖、1合＝180㎖、1カップ＝200㎖、いずれもすりきりで量ります。

・フライパンはすべてフッ素樹脂加工のものを使用しています。それ以外のフライパンを使う場合は、レシピに表示している分量より少し多めに油をひいてください。

# 第1章　炊きたてごはん

炊きたてのごはんは、それだけでごちそう。
たとえば、しらすにしょうがじょうゆをちょこんとのせ、炙《あぶ》ったのりで巻いて食べる。ごはんそのものを味わえる、私のいちばん好きな食べ方です。

ごはんを炊くための道具はいろいろあるけれど、といだ米粒が丸く膨らむまでしっかりと浸水できていれば、どんなものを使ってもツヤツヤにおいしく炊けます。ホウロウ鍋、寸胴鍋、土鍋、炊飯器……。

鍋で炊く場合は、といだ米を米と同量の水に30分ほど浸水。ふたをして強火にかけ、勢いよく湯気が上がったら弱火にし、10分から12分ほどかけて炊き上げてください。火を止めて10分ほど蒸らします。蒸らし時間は短めでもおいしいのですが、鍋底からおこげをきれいにはがすのには、やはりこのくらいはかかります。

次の章の「炊き込みごはん」では、いちばん手軽にできる炊飯器のレシピを紹介します。蒸らし時間はすべて10分としていますが、うちの夫は白いごはんでも炊き込みごはんでも、スイッチが上がってすぐの蒸気で光ったしっとりめが好き。それで少し調べてみたら、最近の炊飯器はスイッチが上がった時点で、蒸らしが完了しているのだそうです。浸水ずみのお米は早炊きモードで炊く方がおいしいと、友人に聞いたこともあります。ごはんはみんな大好きだから、こだわりの炊き方もいろいろでしょうけれど、そういうことはすべて、食べる人の好みに合わせればよいと思います。

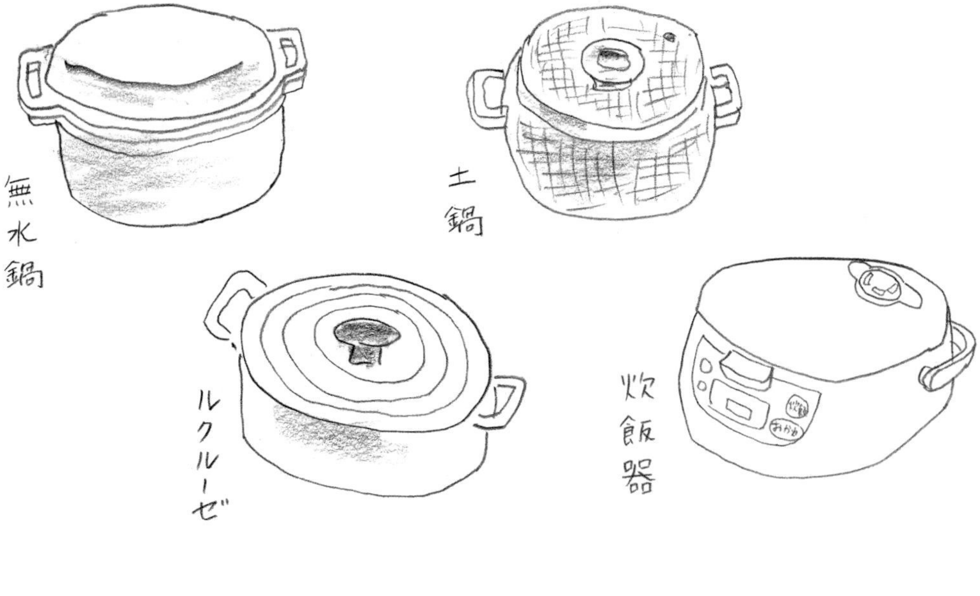

# ［卵かけごはん5種］

## 卵かけごはん

炊きたてのご飯に卵を割り、しょうゆをまわしかける。
◎卵としょうゆをあらかじめ混ぜてからかけるより、卵の味が際立ちます。

## ナンプラーとコチュジャン

1 器に卵を割り入れ、ナンプラーをひとまわし加え、混ぜる。
2 炊きたてのご飯に刻んだ香菜とコチュジャンをのせ、1をかける。

## 卵黄のしょうゆ漬けのせ

炊きたてのご飯に**卵黄のしょうゆ漬け**（P12）をのせ、しらすぼしを添える。

## みそ汁の落とし卵のっけ

1 みそ汁の中に卵を割り入れ、好みの加減に火を入れる。
2 炊きたてのご飯に1の卵をすくってのせ、みそ汁も少しかけて刻んだ万能ねぎをちらす。しょうゆを落とし、七味唐辛子をふる。

## 新しょうがみそ＋卵黄

炊きたてのご飯に卵黄をのせ、**新しょうがみそ**（P13）を添える。

# [ごはんのおとも12種]

## ツナそぼろ

材料（作りやすい分量）
ツナ缶（フレーク）小２缶
卵　３個

A
きび砂糖　大さじ３
薄口しょうゆ　小さじ２
塩　ひとつまみ

作り方
1 ボウルに卵を割り入れ、Aを加えて溶きほぐす。
2 ツナ缶をオイルごと小鍋にあけ、中火にかけて菜箸４～５本を使ってほぐしながら炒める。チリチリと音がして少し水分が出てきたら１を流し入れ、菜箸で混ぜながら、ホロホロになるまで中弱火でいりつける。

◎焦げつきやすいので、卵液を加えたら時々火から鍋をはずしていりつけてください。焼きのりととてもよく合います。
◎冷蔵庫で１週間ほど保存可。

## 卵黄のしょうゆ漬け

材料（作りやすい分量）
卵黄　１個分
しょうゆ　適量

作り方
小さめの器に卵黄を入れ、しょうゆをひとまわしして冷蔵庫でひと晩おく。
◎冷蔵庫で２日間ほど保存可。

## ねりたらこ

材料（作りやすい分量）
たらこ　１腹（約80g）
青じそ　５枚
長ねぎ　4cm
ごま油　大さじ1/2

作り方
1 青じそと長ねぎは粗みじん切りにする。
2 たらこはぶつ切りにし、１とごま油を加えてざっと合わせる。

◎冷蔵庫で１週間ほど保存可。

## 桜おぼろ

材料（作りやすい分量）
生だら　2切れ
塩鮭（中辛）　2切れ
きび砂糖　大さじ4

a

作り方

1 たらと鮭はそれぞれ1切れを4つに切る。
2 酒少々（分量外）を加えた熱湯に1を入れ、2分ほどゆでる。ざるに上げ、皮と骨を取りのぞく（鮭は皮の近くの血合いをのぞくと生ぐさくならないので、ていねいに）。
3 鍋に2を移し入れ、すりこぎで身をほぐすようにすりつぶす（a）。
4 3にきび砂糖を加え、弱火にかける。菜箸4～5本を使ってほぐし、時々火から鍋をはずしながら、水分がとんでふんわりするまでいりつける。
◎食紅を使わなくても、塩鮭の持つ色でほんのり桜色のおぼろになります。ちらしずしの具の他、いり卵と合わせれば彩りのよいお弁当にも。
◎冷蔵庫で1週間ほど保存可。

## 新しょうがみそ

材料（作りやすい分量）
新しょうが　150g

A｜みそ　150g
　｜みりん　大さじ1

作り方

1 新しょうがは皮のかたそうな部分だけむき取り、1cm角の薄切りにする。
2 ボウルにAを合わせ入れ、1を加えて混ぜる。
◎出合いものの新にんにくを刻んで加えてもおいしいです。
◎冷蔵庫で1ヶ月間以上保存可。

## 納豆のみそバター炒め

材料（作りやすい分量）
納豆（小粒）　3パック
にんにく
　（みじん切り）　1片
ごま油　大さじ1/2
バター　10g

A｜みそ　大さじ1と1/2
　｜きび砂糖　小さじ1
　｜白ごま　大さじ1

焼きのり　1/2枚

作り方

1 フライパンにごま油を熱し、中火でにんにくを炒める。香りが出たらバターと納豆を加えて強火にし、菜箸でほぐしながらよく炒める。
2 Aを加えてさらに炒め、調味料がなじんだらちぎったのりを加えてざっと合わせる。
◎チャーハンの具にしてもおいしいです。
◎冷蔵庫で5日間ほど保存可。食べる前に軽く温めてください。

## 香味たくあん

材料（作りやすい分量）
たくあん　150g
しょうが
（すりおろす）１片
白ごま　大さじ１と1/2

作り方
1　たくあんは薄切りにする。
2　1としょうがを和え、ごまを加え混ぜる。
◎食べるときに七味唐辛子をふり、ごま油を落とすのもおすすめ。細かく切ってちらしずしや混ぜごはん、チャーハンの具にも活用できます。
◎冷蔵庫で１週間ほど保存可。

## しめじなめたけ

材料（作りやすい分量）
しめじ
１パック（大・約170g）
えのきたけ
１パック（大・約200g）
酒　大さじ５
みりん　大さじ２
しょうゆ　大さじ３
酢　小さじ１

作り方
1　えのきは石づきを切り落とし、3cm長さに切る。しめじも石づきを切り落とし、えのきと同じくらいの長さに切ってバラバラにほぐす。
2　鍋に1を入れ、酒をふりかけてふたをし、強火にかける。煮立ってきたら弱火にし、時々混ぜながら２〜３分、軽くしんなりするまで蒸し煮にする。
3　2にみりんとしょうゆを加え、中火で７〜８分煮る。煮汁が残っていたら強火にして煮詰め、煮汁がほとんどなくなったところで酢を加え混ぜる。
◎きのこの歯ごたえが損なわれてしまうので、煮すぎないように。
◎大根おろしにのせたり、卵焼きに混ぜこんでもおいしいです。
◎冷蔵庫で１週間ほど保存可。

## 梅みょうが

材料（作りやすい分量）
梅干し　２個
みょうが　６個
塩　小さじ１

a

作り方
1　みょうがは縦半分にしてから斜め薄切りにし、塩をまぶして20分ほどおく。
2　1の水気をしぼり、空きビンに移し入れる。
3　2に梅干しを種ごと加え、菜箸でくずしながら混ぜ合わせる（a）。
◎まわりに残った果肉からもうまみが出るので、種はあえて入れたままで。
◎冷蔵庫で10日間ほど保存可。

## 自家製ガリ

材料（作りやすい分量）
新しょうが　250g

A｜酢　1カップ
きび砂糖　大さじ4
塩　小さじ1
水　1/2カップ

作り方

1 新しょうがは皮のかたそうな部分だけむき取り、斜め薄切りにする。
2 1を熱湯でごく軽くゆでる。ざるに上げ、しっかり水気を切ってボウルにあける。
3 小鍋にAを混ぜながら煮立たせ、2のボウルに注ぐ。
◎翌日から食べられます。冷蔵庫で1ヶ月間以上保存可。

## 新しょうがの佃煮

材料（作りやすい分量）
新しょうが　200g

A｜酒　1/2カップ
みりん　大さじ4
きび砂糖　小さじ1
しょうゆ　大さじ3

作り方

1 新しょうがは皮のかたそうな部分だけむき取り、せん切りにする。
2 小鍋に1とAを入れ、強火にかける。煮立ったらごく弱火にし、時々混ぜながら煮汁がなくなるまで煮る。
◎ちらしずしや混ぜごはんにも活用できます。
◎冷蔵庫で1ヶ月間ほど保存可。

## かんぴょうとしいたけの甘煮

材料（作りやすい分量）
かんぴょう　20g
干ししいたけ　3枚

A｜だし汁　3/4カップ
干ししいたけのもどし汁
　1/4カップ
みりん　大さじ1
きび砂糖　大さじ2
しょうゆ　大さじ2と1/2

作り方

1 干ししいたけはひたひたの水にひと晩浸けてもどす（P32・a）。石づきを切り落とし、かさと軸は薄切りにする。
2 かんぴょうは軽く洗って塩ふたつまみ（分量外）でもむ。流水で洗い流してから5分ほど水に浸ける。
3 鍋にたっぷりの湯を沸かし、2を弱火で5～6分、爪が立つくらいのやわらかさにゆでる。ざるに上げ、軽くしぼって1cm長さに切る。
4 別の鍋にAを合わせ入れ、強火にかける。煮立ったら1と3を加え、落としぶたをして弱火で煮汁がなくなるまで煮る。
◎ちらしずしや混ぜごはんの具の他、お弁当のおかずにもおすすめです。
◎冷蔵庫で1週間ほど保存可。

# 第2章　炊き込みごはん

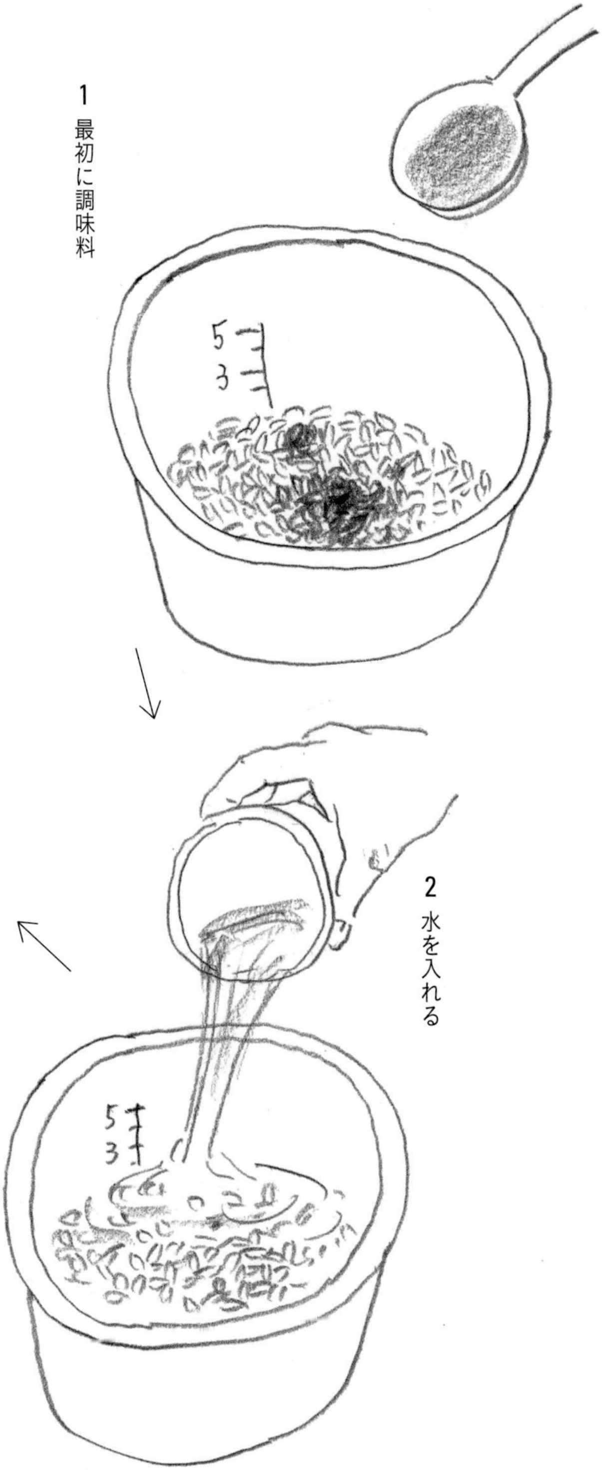


炊飯器で作る炊き込みごはんはとても簡単。

まず内釜にお米を入れ、3～4回といだら水を切って調味料を先に加えてしまいます。目盛りに合わせて水加減し、混ぜて、だし昆布をのせ、30分ほど浸水。ひと混ぜして平らにならし、あとは上に具を広げてのせて、混ぜずにスイッチオン。

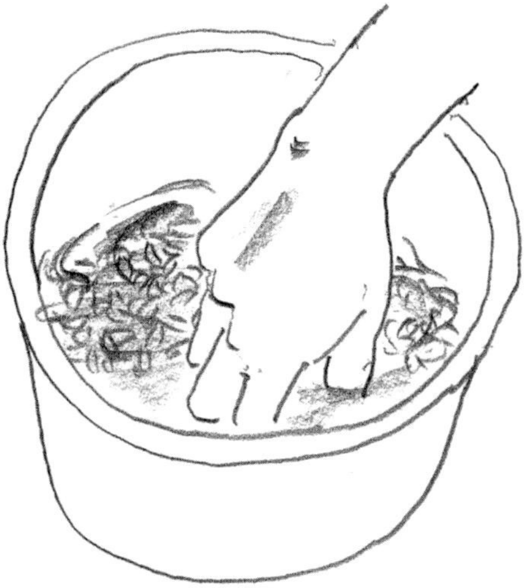

**3**
混ぜる

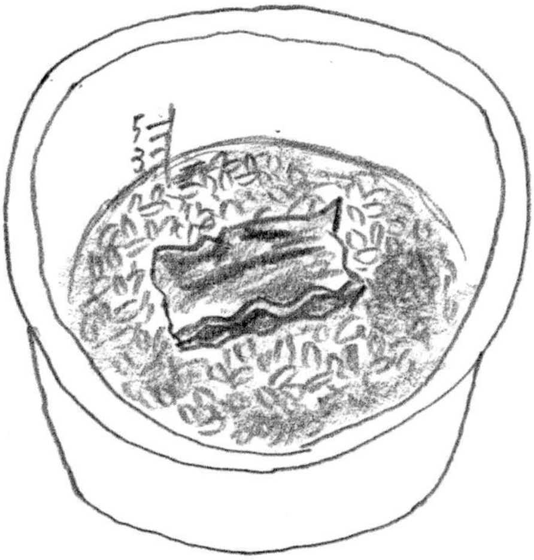

**4**
昆布をのせて
30分待つ

**5**
昆布をよけて
ひと混ぜする

## 具をのせるには
## 4つのパターンがあります

1　切った具材を生のままのせる

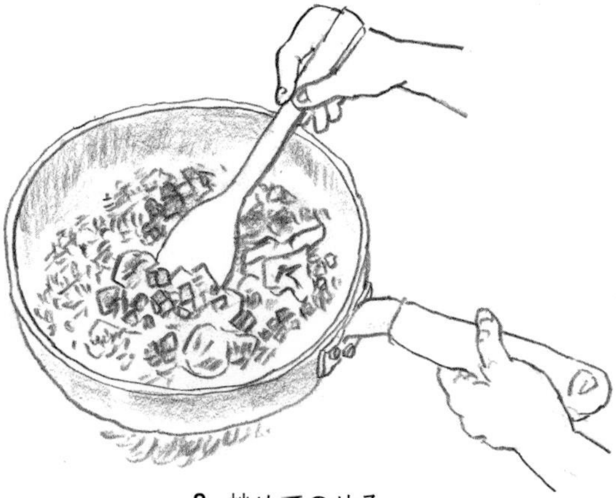

2　炒めてのせる

3　網焼きしてのせる

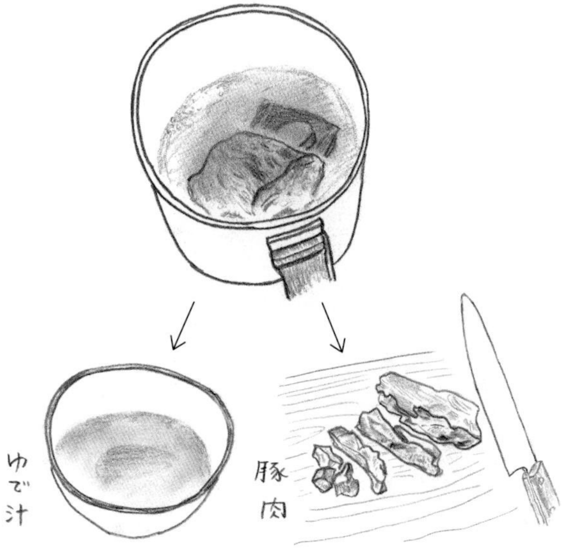


4　肉などをゆでて具と汁を分けておき、
ゆで汁で炊いたごはんに具をのせて
混ぜる(あさりの酒蒸しも同様です)

## 素材の色と持ち味をいかす調味料

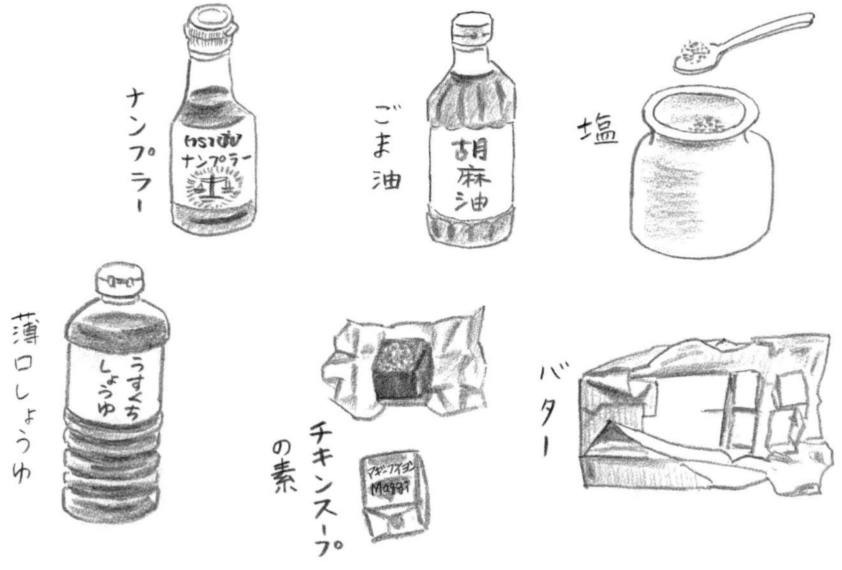


## だし汁代わりに

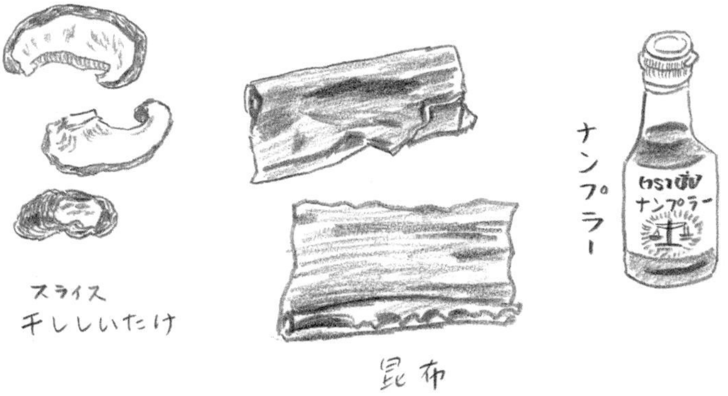


この本のほとんどの炊き込みごはんは、だし汁を使っていません。そのほうが、お米の味も具の味もいきてくる気がするのです。
とくにスライス干ししいたけはもどす手間もなく、昆布と同様に浸水時に加えればよいのでとても便利です。洋風のごはんを炊くときには、ポルチーニのような気分で砕いて使っています。
レシピでは炊き上がりにだし昆布を取りのぞいていますが、細かく刻んでご飯に戻し入れても、もちろんかまいません。

◎こぼれ話
洋風の炊き込みごはんを炊いたら、残りは取っておいてドリアにするのもお楽しみ。和風の炊き込みごはんでも、柚子こしょうや粉山椒をきかせたホワイトソースとチーズをのせ、和洋折衷ドリアというのも、なんだかおいしそうです。

## 竹の子ごはん

材料（3～4人分）
米　2合
**ゆでた竹の子**　300g
油揚げ　1枚

A
- だし汁　1と1/2カップ
- 酒　大さじ1
- 薄口しょうゆ　小さじ2
- 塩　小さじ1/4
- ごま油　小さじ1

木の芽　適量

作り方

1 米はといで炊飯器の内釜に入れ、Aを加えていつもの水加減にする。軽く混ぜ、30分ほど浸水させる。

2 油揚げは縦4等分にしてから5mm幅に切る。竹の子は食べやすい大きさに切る。

3 1をひと混ぜして平らにならし、油揚げと竹の子をのせて炊く。

4 炊き上がったら10分ほど蒸らし、さっくり混ぜる。茶碗によそい、木の芽をのせる。

### 竹の子のゆで方

1 竹の子（中）1本は皮を2～3枚むき、根元のイボイボを包丁でこそげ取る。先の部分を斜めに切り落とし、火が通りやすいよう皮の上から縦に1本切り込みを入れる。

2 大きめの鍋に竹の子とたっぷりの水を入れ、米ぬかひとつかみと赤唐辛子1本を加えて強火にかける。沸いてきたら中弱火（水面の1ヶ所がポコポコしている状態）にし（a）、40分～1時間ほどゆでる。

3 竹串をさしてすっと通ったら、ゆで上がり。ゆで汁ごと冷めるまでおき、皮をむく。縦半分に切り、流水でぬかを洗い流す。

a

## 春キャベツと帆立の炊き込みごはん

材料（3〜4人分）
米　2合
帆立（刺身用）　100g
春キャベツ　1/4個
だし昆布　5cm角1枚

A｜酒　大さじ1
｜ナンプラー　小さじ2
｜塩　小さじ1/2
｜ごま油　小さじ2

黒こしょう　適量

a

作り方
1 米はといで炊飯器の内釜に入れ、Aを加えていつもの水加減にする。軽く混ぜ、昆布をのせて30分ほど浸水させる。
2 帆立は身と端のコリコリした部分を分ける（a）。1をひと混ぜして平らにならし、両方をのせて（P34・a）炊く。
3 炊き上がったら3cm角のざく切りにしたキャベツをのせて5分ほど蒸らし、昆布を取りのぞく。帆立をくずすようにざっくり混ぜて、さらに5分ほど蒸らす。
4 茶碗に盛り、こしょうをひく。

## 豆ごはん

材料（3〜4人分）
米　2合
グリーンピース（さやから出したもの）　75g
だし昆布　5cm角1枚

A｜酒　大さじ1
｜塩　小さじ1/2

作り方
1 米はといで炊飯器の内釜に入れ、Aを加えていつもの水加減にする。軽く混ぜ、昆布をのせて30分ほど浸水させる。
2 ひと混ぜして平らにならし、グリーンピースをのせて炊く。
3 炊き上がったら10分ほど蒸らし、昆布を取りのぞいてさっくり混ぜる。

## アスパラごはん

材料（3～4人分）
米　2合
アスパラガス　8本

A｜酒　大さじ1
　｜塩　小さじ1/2

バター　5g
黒こしょう　適量

作り方
1 米はといで炊飯器の内釜に入れ、Aを加えていつもの水加減にする。軽く混ぜ、30分ほど浸水させる。
2 ひと混ぜして平らにならし、バターをのせて炊く。
3 アスパラガスは根元のかたい部分を切り落とし、下のほうの皮を少し削って3～4cm長さに切る。小鍋に塩ひとつまみ（分量外）を加えた湯を沸かし、かためにゆでてざるに上げる。
4 2が炊き上がったら10分ほど蒸らし、3を加えてさっくり混ぜる。茶碗に盛り、こしょうをひく。

## 空豆ごはん

材料（3～4人分）
米　2合
空豆　20～25粒
だし昆布　5cm角1枚

A｜酒　大さじ1
　｜塩　小さじ1/2
　｜ごま油　小さじ1

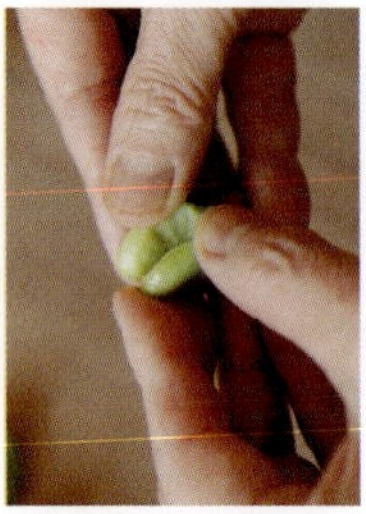
a

作り方
1 米はといで炊飯器の内釜に入れ、Aを加えていつもの水加減にする。軽く混ぜ、昆布をのせて30分ほど浸水させる。
2 ひと混ぜして平らにならし、炊く。
3 空豆は薄皮をむき、一粒を半分に割る(a)。小鍋に塩ひとつまみ（分量外）を加えた湯を沸かし、かためにゆでてざるに上げる。
4 2が炊き上がったら10分ほど蒸らし、昆布を取りのぞく。3をのせて2分ほどおき、さっくり混ぜる。
◎空豆のゆで加減は、色がパッと変わってからひと呼吸おいたくらいが頃合い。炊きたてのご飯で蒸らします。

## 春にんじんのバターごはん

材料（3〜4人分）
米　2合
春にんじん（大）　1本

A｜酒　大さじ1
｜塩　小さじ1/2
｜チキンスープの素（刻む）　1/2個

バター　15g
ローリエ　1枚
黒こしょう　適量

作り方

1 米はといで炊飯器の内釜に入れ、Aを加えていつもの水加減にする。軽く混ぜ、30分ほど浸水させる。
2 にんじんは4cm長さの棒状に切る。
3 1をひと混ぜして平らにならし、2とバター、ちぎったローリエをのせ、炊く。
4 炊き上がったら10分ほど蒸らし、ざっくり混ぜる。茶碗に盛り、こしょうをひく。

## みょうがごはん

材料（3～4人分）
米　2合
みょうが　3個

A
酒　大さじ1
薄口しょうゆ　小さじ2
塩　小さじ1/2
ごま油　小さじ1

作り方

1 米はといで炊飯器の内釜に入れ、Aを加えていつもの水加減にする。軽く混ぜ、30分ほど浸水させる。

2 みょうがは縦半分に切ってから、斜め薄切りにする。

3 1をひと混ぜして平らにならし、炊く。炊き上がったら2を広げてのせ、ふたをして10分ほど蒸らし、さっくり混ぜる。

## 枝豆ごはん

材料（3～4人分）
米　2合
枝豆（ゆでてさやから出したもの）　2/3カップ

A
酒　大さじ1
薄口しょうゆ　大さじ1
ごま油　小さじ1

作り方

1 米はといで炊飯器の内釜に入れ、Aを加えていつもの水加減にする。軽く混ぜ、30分ほど浸水させる。

2 1をひと混ぜして平らにならし、炊く。炊き上がったら枝豆を広げてのせ、ふたをして10分ほど蒸らし、さっくり混ぜる。

## とうもろこしごはん

材料（4人分）
米　2合
とうもろこし　1本

A
酒　大さじ1
塩　小さじ2/3
ごま油　小さじ1

作り方

1 米はといで炊飯器の内釜に入れ、Aを加えていつもの水加減にする。軽く混ぜ、30分ほど浸水させる。

2 とうもろこしは3等分にし、まな板の上に立てて包丁で身をこそげ取る。

3 1をひと混ぜして平らにならし、2をバラバラにはぐしてのせ、炊く。炊き上がったら10分ほど蒸らし、さっくり混ぜる。

## 焼きかぼちゃごはん

材料（3～4人分）
米　2合
かぼちゃ　1/8個

A
酒　大さじ1
塩　小さじ1/2
ごま油　小さじ1

作り方

1 米はといで炊飯器の内釜に入れ、Aを加えていつもの水加減にする。軽く混ぜ、30分ほど浸水させる。

2 かぼちゃは皮ごと8mmほどの厚さに切り、さらに半分の大きさに切る。焼き網を強火にかけ、両面に焼き目がつくまで炙る。

3 1をひと混ぜして平らにならし、2をのせて炊く。炊き上がったら10分ほど蒸らし、かぼちゃをくずしながらさっくり混ぜる。
◎かぼちゃに甘みがあるので、ごま塩をふりかけて食べるのもおすすめです。

## 栗ごはん

材料（3～4人分）
米　2合
栗（大）　12粒
だし昆布　5cm角1枚
A　酒　大さじ1
　　塩　小さじ1/2
　　ごま油　小さじ1

作り方

1 栗はぬるま湯に3時間ほど浸けて鬼皮をやわらかくしておく。先端に包丁の刃を差し入れ（a）、鬼皮をめくるようにしてむく。むいたそばから水に浸け、渋皮もむく（b）。
2 米はといで炊飯器の内釜に入れ、Aを加えていつもの水加減にする。軽く混ぜ、昆布をのせて30分ほど浸水させる。
3 2をひと混ぜして平らにならし、1をのせて炊く。炊き上がったら10分ほど蒸らし、昆布を取りのぞく。栗をおおまかにくずしながらさっくり混ぜる。
◎Aを酒大さじ1、塩少々、バター15gに変え、チキンスープの素1/2個を加えて黒こしょうをひき、「栗のバターごはん」にするのもおすすめです。

a

b

## サンマの香味ごはん

材料（3～4人分）
米　2合
サンマ　2尾
だし昆布　5cm角1枚

A
酒　大さじ1
しょうゆ　小さじ2
塩　小さじ1/2
ごま油　小さじ1

◎下味
しょうが（すりおろす）　1片
酒　大さじ1
しょうゆ　小さじ1

しょうが　1片
まいたけ　1パック（約100g）
三つ葉　1株
万能ねぎ　5本
白ごま　大さじ2
ごま油　小さじ1
粉山椒　適量

作り方

1 米はといで炊飯器の内釜に入れ、Aを加えていつもの水加減にする。軽く混ぜ、昆布をのせて30分ほど浸水させる。
2 サンマは頭と尾を切り落とし、腹に切り込みを入れてワタを取りのぞく。中骨に沿って2枚におろし、半分の長さに切る。流水で血合いを洗い流し、ペーパータオルで水気をふく。下味の材料をまぶし、ラップをかけて冷蔵庫で20分ほどおく。
3 しょうがはせん切り、まいたけは小房に分ける。三つ葉は5mm長さ、万能ねぎは小口切りにする。
4 1をひと混ぜして平らにならし、3のしょうがとまいたけをのせて炊く。
5 フライパンにごま油を強火で熱し、2のサンマを皮目を上にして並べ入れる。焼き目がついたら返し、ふたをして蒸し焼きにする。中骨と小骨をのぞき（a）、おおまかにほぐす。
6 炊き上がったら昆布を取りのぞいて5をのせ、10分ほど蒸らす。三つ葉、万能ねぎ、ごまを加えてさっくり混ぜる。器に盛り、粉山椒をふる。

◎サンマは香ばしく焼いてからのほうが、骨や骨のまわりの身がきれいにはがれます。

a

## きのこごはん

材料（3～4人分）
米　2合
しいたけ　4～5枚
しめじ、まいたけ　各1パック（各約100g）
だし昆布　5cm角1枚

A｜酒　大さじ2
｜しょうゆ　大さじ1/2
｜塩　小さじ2/3
｜ごま油　小さじ2

作り方
1 米はといで炊飯器の内釜に入れ、Aを加えていつもの水加減にする。軽く混ぜ、昆布をのせて30分ほど浸水させる。
2 しいたけは石づきを落とし、かさは厚切り、軸は細かくさく。しめじとまいたけは石づきを落として小房に分ける。
3 1をひと混ぜして平らにならし、2をのせて炊く。炊き上がったら10分ほど蒸らし、昆布を取りのぞいてさっくり混ぜる。

## さつまいもごはん

材料（3～4人分）
米　2合
さつまいも（細め）　1本
だし昆布　5cm角1枚

A｜酒　大さじ1
｜塩　小さじ1/3
｜ごま油　小さじ1

黒ごま塩　適量

作り方
1 米はといで炊飯器の内釜に入れ、Aを加えていつもの水加減にする。軽く混ぜ、昆布をのせて30分ほど浸水させる。
2 さつまいもは皮ごと1cm厚さの輪切りにし、水にさらしてアクをぬき、ざるに上げる。
3 1をひと混ぜして平らにならし、2をのせて炊く。
4 炊き上がったら10分ほど蒸らし、昆布を取りのぞく。さつまいもをくずしながら、さっくり混ぜる。茶碗に盛り、ごま塩をふる。

## 牡蠣ごはん

材料（3～4人分）
米　2合
生ガキ
（大・加熱用）　200g
だし昆布　5cm角1枚
しょうが　1片

A
酒　大さじ2
薄口しょうゆ　小さじ2
塩　小さじ1/2
ごま油　大さじ1/2

作り方

1 米はといで炊飯器の内釜に入れ、Aを加えていつもの水加減にする。軽く混ぜ、昆布をのせて30分ほど浸水させる。

2 カキは海水くらいの塩水で軽く洗い、ざるに上げる。しょうがはせん切りにする。

3 1をひと混ぜして平らにならし、2のしょうがをのせて炊く。

4 ボコボコと音がして湯気が上がってきたら3のふたを開け、2のカキを広げてのせる。急いでふたを閉め、そのまま炊き続ける。

5 炊き上がったら10分ほど蒸らし、昆布を取りのぞく。カキがつぶれないように気をつけながら、さっくり混ぜる。

［炊き込みごはん いろいろ］

## かやくごはん

材料（3～4人分）
米　2合
鶏もも肉
　1/2枚（約130g）
干ししいたけ　2枚
こんにゃく　1/3枚
ごぼう　1/2本
にんじん　1/2本
油揚げ　1枚

A
だし汁　1と1/2カップ
干ししいたけのもどし汁
　1/2カップ
酒　大さじ1
みりん　小さじ2
しょうゆ　大さじ1と1/2

ごま油　小さじ2

作り方
1 干ししいたけはひたひたの水にひと晩浸けてもどす（a）。石づきを切り落とし、かさと軸は薄切りにする。こんにゃくは厚さを3等分にしてから細切りにし、水から下ゆでする。ごぼうはささがきにして水にさらし、ざるに上げる。にんじんと油揚げは細切りに、鶏肉は2cm角に切る。
2 鍋にAを合わせ入れ、強火にかける。煮立ったら1を加え、にんじんに歯ごたえが残るくらいにさっと煮る。ざるに上げ、煮汁と具に分け、粗熱を取る。
3 米はといで炊飯器の内釜に入れる。
4 3に2の煮汁を加え、いつもの水加減より1割ほど少なめに調整する。ごま油を加え、2の具をのせて炊く。
5 炊き上がったら10分ほど蒸らし、さっくり混ぜる。

a

## しょうがごはん

材料（3～4人分）
米　2合
しょうが　30g
だし昆布　5cm角1枚

A｜酒　大さじ1
薄口しょうゆ　小さじ2
塩　小さじ1/2
ごま油　小さじ2

作り方

1 米はといで炊飯器の内釜に入れ、Aを加えていつもの水加減にする。軽く混ぜ、昆布をのせて30分ほど浸水させる。
2 しょうがは皮をむいてせん切りにする。
3 1をひと混ぜして平らにならし、2をのせて炊く。炊き上がったら10分ほど蒸らし、昆布を取りのぞいてさっくり混ぜる。

## 梅干しごはん

材料（3～4人分）
米　2合
梅干し　2個

A｜酒　大さじ1
ごま油　小さじ1

しらすぼし　大さじ3

a

作り方

1 米はといで炊飯器の内釜に入れ、Aを加えていつもの水加減にする。軽く混ぜ、30分ほど浸水させる。
2 ひと混ぜして平らにならし、梅干しをのせて炊く。
3 炊き上がったら10分ほど蒸らし（a）、しらすを加える。梅干しをくずしながらざっくり混ぜ、種を取りのぞく。

## 干ししいたけと桜えびの炊き込み

材料（3～4人分）
米　2合
スライス干ししいたけ　5g
桜えび　10g
にんじん　1/2本
だし昆布　5cm角1枚

A | 酒　大さじ2
ナンプラー　大さじ1
薄口しょうゆ　小さじ1
ごま油　小さじ2

白ごま　適量

作り方

1 米はといで炊飯器の内釜に入れ、Aを加えていつもの水加減にする。軽く混ぜ、干ししいたけ、昆布を加えて30分ほど浸水させる。
2 桜えびはフライパンでから炒りする。にんじんはせん切りにする。
3 2を1にのせ、炊く。炊き上がったら10分ほど蒸らし、昆布を取りのぞく。足りなければ塩（分量外）で味をととのえる。
4 茶碗に盛り、半ずりにしたごまをふる。

## 帆立のだし炊き込み

材料（3～4人分）
米　2合
帆立（刺身用）　150g

A | だし汁　1カップ
酒　大さじ2
薄口しょうゆ　小さじ1
塩　小さじ1/2
ごま油　小さじ2

三つ葉　適量
白ごま　適量

a

作り方

1 米はといで炊飯器の内釜に入れ、Aを加えていつもの水加減にする。軽く混ぜ、30分ほど浸水させる。
2 帆立は身と端のコリコリした部分を分ける（P21・a）。1に両方のせ（a）、炊く。
3 炊き上がったら10分ほど蒸らし、帆立をくずすようにざっくり混ぜる。2cm長さのざく切りにした三つ葉を加えてさっくり混ぜ、茶碗に盛って指先でごまをひねりながらふる。

## あさりの炊き込みごはん

材料（3～4人分）
米　2合
あさり　450g
しょうが　2片
青じそ　5枚
酒　1/4カップ
だし昆布　5cm角1枚

A
薄口しょうゆ　小さじ1/2
塩　小さじ1/2
ごま油　小さじ1

作り方

1 あさりは海水くらいの塩水に浸け、砂出ししておく。しょうがと青じそはせん切りにする。

2 鍋に酒、あさり、昆布を入れ、ふたをして強火にかける。あさりの口が開きはじめたら火を止め、あとは余熱で開くよう、そのままふたをしておく。

3 米はといで炊飯器の内釜に入れ、Aを加える。粗熱が取れたあさりの蒸し汁を加え、いつもの水加減に調整する。軽く混ぜ、30分ほど浸水させる。

4 3に1のしょうがをのせ、炊く。

5 炊き上がったら10分ほど蒸らして昆布を取りのぞき、2のあさりと1の青じそを加えてざっくり混ぜる。

## 焼きれんこんとえびの炊き込み

材料（3～4人分）
米　2合
れんこん　1節
（約200g）
むきえび　80g
だし昆布　5cm角1枚

A
酒　大さじ1
薄口しょうゆ　小さじ1
塩、ごま油　各小さじ1

三つ葉　1株

作り方

1 米はといで炊飯器の内釜に入れ、Aを加えていつもの水加減にする。軽く混ぜ、昆布をのせて30分ほど浸水させる。
2 れんこんは黒くなっているところだけ薄く皮をむき、1cm厚さの半月形に切って軽く水にさらす。ざるに上げ、水気をふき取る。むきえびはあれば背ワタを取り、半分に切る。
3 焼き網にれんこんをのせ、強火で両面焼き目がつくまで炙る。
4 1をひと混ぜして平らにならし、3とむきえびをのせて炊く。
5 炊き上がったら10分ほど蒸らし、昆布を取りのぞく。2cm長さのざく切りにした三つ葉を加え、れんこんをくずしながらさっくり混ぜる。

## 焼き里芋と油揚げの炊き込み

材料（3～4人分）
米　2合
里芋　3～4個
油揚げ　1枚
だし昆布　5cm角1枚

A
酒　大さじ1
薄口しょうゆ　小さじ2
塩　小さじ1/4
ごま油　小さじ2

三つ葉　1株

作り方

1 米はといで炊飯器の内釜に入れ、Aを加えていつもの水加減にする。軽く混ぜ、昆布をのせて30分ほど浸水させる。
2 里芋は皮をむいて8mm厚さに切り、軽く水にさらして水気をふき取る。焼き網にのせ、片面に軽く焼き目がつくまで炙る。油揚げは縦半分に切ってから細切りにする。
3 1をひと混ぜして平らにならし、2をのせて炊く。
4 炊き上がったら10分ほど蒸らし、昆布を取りのぞく。2cm長さのざく切りにした三つ葉を加え、里芋をくずしながらさっくり混ぜる。

## 「豚とひよこ豆の ヨーグルト炊き込みごはん」辛いトマトソースがけ

材料（2人分）
**豚とひよこ豆のヨーグルト炊き込みごはん**　半量
**辛いトマトソース**　全量
クレソン　1/2束
ディル　1茎
粉チーズ　適量

作り方
器に「豚とひよこ豆のヨーグルト炊き込みごはん」を盛り、辛いトマトソースをかける。ざく切りにしたクレソンとディルを合わせて添え、粉チーズをふる。

**辛いトマトソース**

材料
**トマトソース**（P106）　1カップ
トマトケチャップ　小さじ2
カイエンヌペッパー　適量

作り方
小鍋にトマトソースを入れ、トマトケチャップとカイエンヌペッパーを加えて混ぜ、ひと煮する。

## 豚とひよこ豆の ヨーグルト炊き込みごはん

材料（3～4人分）
米　2合

A
チキンスープの素（刻む）　1個
プレーンヨーグルト　大さじ4
クミンシード　小さじ1/2
塩　ひとつまみ

豚こま切れ肉　150g

◎下味
にんにく（すりおろす）　1片
塩　小さじ1/3
黒こしょう　適量
オリーブオイル　大さじ1/2

バター　10g
長ねぎ（粗みじん切り）　1/2本
ひよこ豆の水煮　1カップ
塩、黒こしょう　各適量
ディル、レモン　各適量

作り方
1 米はといで炊飯器の内釜に入れ、Aを加えていつもの水加減にする。よく混ぜ、30分ほど浸水させる。
2 豚肉は大きければひと口大に切り、下味をもみこんで20分ほどおく。ひよこ豆は水気を切る。
3 フライパンを強火にかけ、油をひかずに2の豚肉を広げて炒める。焼き目がついたらバター、長ねぎ、ひよこ豆を加えてざっと炒め合わせる。
4 1をひと混ぜして平らにならし、3をのせて炊く。
5 炊き上がったら10分ほど蒸らし、さっくり混ぜて塩、こしょうで味をととのえる。器に盛って刻んだディルをふり、レモンを添える。

## 鶏とさつまいものエスニックごはん

材料（4人分）

米　2合

A｜チキンスープの素（刻む）1個
ヨーグルト　大さじ4

鶏もも肉　1枚(約250g)

◎下味
にんにく(すりおろす)　1片
塩　少々
黒こしょう　適量
オリーブオイル　大さじ1

さつまいも（細め）　1本
長ねぎ（粗みじん切り）　1/2本
卵　4個
香菜　適量
塩、黒こしょう　各適量
**辛いケチャップ**　全量

作り方

1 米はといで炊飯器の内釜に入れ、Aを加えていつもの水加減にする。よく混ぜ、30分ほど浸水させる。

2 さつまいもは皮ごと1cm厚さの輪切りにし、水にさらしてアクをぬき、ざるに上げる。

3 鶏肉はひと口大に切り、下味をもみこむ。フライパンを強火にかけ、油をひかずに鶏肉を皮目から焼く。鶏肉が白っぽくなってきたらねぎを加え、出てきた脂でざっと炒め合わせる。

4 **1**をひと混ぜして平らにならし、**2**と**3**をのせて炊く。

5 炊き上がったら10分ほど蒸らし、ざっくり混ぜて器に盛る。

6 半熟の目玉焼きを4枚作り、塩、こしょうをふって**5**にのせ、刻んだ香菜と辛いケチャップを添える。

**辛いケチャップ**

トマトケチャップ大さじ3と豆板醤小さじ1/2をよく混ぜ合わせる。

## 沖縄風いかワタごはん

材料（3～4人分）
米　2合
いか（刺身用・大）　1杯
長ねぎ（粗みじん切り）
　2/3本

A
- 八丁みそ　大さじ1と1/2
- 酒　大さじ3
- きび砂糖　小さじ2
- しょうゆ　大さじ1/2

ごま油　大さじ2
黒ごま　適量
青じそ　10枚
紅しょうが　適量

作り方

1 米はといで炊飯器の内釜に入れる。Aはよく混ぜ合わせておく。

2 いかは内臓を引きぬき、足の部分を切り離す。胴は中骨をぬいて水洗いし、エンペラごと1cmの輪切りに、足は1本ずつにし、4cm長さに切る。ワタは墨袋ごと2cmのぶつ切りにする。

3 フライパンにごま油を熱し、強火でねぎを炒める。しんなりして焼き目がついたら、いかを加えて炒める。いかの色が変わってきたらワタも加え、つぶしながらざっと合わせて軽くいりつける。Aと水1カップを加え、ひと煮立ちしたらざるで濾《こ》し、具と煮汁を分ける。

4 1の炊飯器の内釜に粗熱が取れた3の煮汁を加え、いつもの水加減に調整する。よく混ぜ、3の具をのせて炊く。

5 炊き上がったら10分ほど蒸らし、さっくり混ぜる。器に盛り、半ずりにしたごまをたっぷりふって、せん切りにした青じそと紅しょうがをのせる。
◎すだちなどの柑橘類をしぼって食べてもおいしいです。

## 「鶏とグリーンピースの洋風炊き込み」で作るドリア

材料（2人分）
**鶏とグリーンピースの洋風炊き込み**　半量
**ホワイトソース**　適量
溶けるチーズ　適量

作り方
炊き込みごはんの鶏肉は、骨から身をはずす。器にバター(分量外)を薄くぬり、ご飯を敷き詰めて鶏肉をのせる。ホワイトソースをかけ、チーズをのせて、温めておいたオーブントースターで焼き色がつくまで5分ほど焼く。

### ホワイトソース

材料（作りやすい分量）
薄力粉　大さじ3
バター　30g
牛乳　1と1/2カップ
生クリーム　1/2カップ
ナツメグ、塩、黒こしょう　各適量

作り方
1 小鍋にバターを入れ、弱火にかける。バターが溶けてきたら薄力粉を加え、木べらでよく炒める。
2 バターと粉が合わさり、細かく泡立ってきたら牛乳全量と生クリームの半量を加え、ダマがなくなるまで泡立て器で手早く混ぜる。もったりと煮えたら残りの生クリームを加えてゆるめ、ナツメグを加えて塩、こしょうで味をととのえる。

## 鶏とグリーンピースの洋風炊き込み

材料（4人分）
米　2合

A
酒　大さじ1
チキンスープの素（刻む）　1個
塩　小さじ1/2

鶏手羽元　8本（約500g）

◎下味
にんにく（すりおろす）　1片
塩　小さじ1/2
オリーブオイル　大さじ1

長ねぎ　1/2本
グリーンピース（さやから出したもの）　80g
ローリエ　1枚
バター　10g
パセリ　適量
ゆで卵　2個
塩、黒こしょう　各適量

作り方
1 鶏肉は下味をもみこみ、20分ほどおく。長ねぎは粗みじん切りにする。
2 米はといで炊飯器の内釜に入れ、Aを加えていつもの水加減にする。軽く混ぜ、30分ほど浸水させる。
3 フライパンに油をひかずに鶏肉を入れ、強火で表面をざっと焼きつける。長ねぎを加え、出てきた脂を吸わせるように炒める。焼き汁ごと**2**にのせ、グリーンピース、ちぎったローリエ、バターをのせ、炊く。
4 炊き上がったら10分ほど蒸らし、ざっくり混ぜて塩、こしょうで味をととのえる。器に盛り、刻んだパセリをちらして、半分に切ったゆで卵をのせる。
◎タバスコと粉チーズをかけてどうぞ。

## にんじんと油揚げの炊き込み

材料（3～4人分）
米　2合
にんじん（大）　1本
油揚げ　1と1/2枚

A｜だし汁　1カップ
酒　大さじ1
きび砂糖　小さじ2
しょうゆ
大さじ2と1/2

作り方

1 にんじんは4cm長さの細切り、油揚げは縦半分に切ってから、にんじんと同じくらいの細切りにする。

2 鍋にAを合わせ入れ、強火にかける。煮立ったら1を加え、中弱火でにんじんに歯ごたえが残るくらいまで煮る。ざるに上げ、煮汁と具を分け、粗熱を取る。

3 米はといで炊飯器の内釜に入れ、2の煮汁を加えていつもより心持ち少なめの水加減に調整する。2のにんじんと油揚げを広げてのせ、炊く。

4 炊き上がったら10分ほど蒸らし、さっくり混ぜる。

## 香味ごはん

材料（3～4人分）
米　2合
しょうが　1片

A
- 酒　大さじ1
- ナンプラー　大さじ1
- 薄口しょうゆ　小さじ1
- ごま油　大さじ1

だし昆布　5cm角1枚

◎薬味
みょうが　1個
青じそ　10枚
貝割れ大根　1パック

黒こしょう　適量

作り方

1 米はといで炊飯器の内釜に入れ、Aを加えていつもの水加減にする。軽く混ぜ、昆布をのせて30分ほど浸水させる。

2 みょうがは縦半分に切ってから小口切り、青じそは粗みじん切り、貝割れ大根は根元を切り落として1cm長さに切り、ざっと合わせておく。

3 せん切りにしたしょうがを1の上にのせ、炊く。

4 炊き上がったら10分ほど蒸らして昆布を取りのぞき、2の薬味を加えてざっくり混ぜる。

5 茶碗に盛り、こしょうをたっぷりひく。

## 韓国風ゆで豚ごはん

材料（4人分）
米　2合
豚肩ロース肉（ブロック）　300g
塩　小さじ1
豆もやし　1袋

A｜酒　1/4カップ
｜しょうが（皮ごと厚切り）　2枚
｜だし昆布　5cm角1枚

◎ピリ辛だれ
万能ねぎ　3本
しょうゆ　大さじ1と1/2
ごま油　大さじ1/2
にんにく（すりおろす）　1/2片
一味唐辛子　小さじ1/4
白ごま（半ずり）　小さじ1

もみのり　適量

作り方

1 豚肉は塩をすりこみ、30分ほどおく。豆もやしはヒゲ根を取る。

2 大きめの鍋に1の豚肉、A、かぶるくらいの水（6カップが目安）を入れ、火にかける。煮立ったらアクをすくい、ふたをして弱火で30～40分ほどゆでる。豚肉が乾かないよう、粗熱が取れるまでそのままゆで汁に浸けておく。

3 米はといで炊飯器の内釜に入れ、2のゆで汁を加えて、いつもより心持ち少なめの水加減に調整する。軽く混ぜ、30分ほど浸水させる。

4 3にひと口大に切った2の豚肉と1の豆もやしをのせ、炊く。

5 炊き上がったら10分ほど蒸らし、ざっくり混ぜる。茶碗に盛り、もみのりをのせ、ピリ辛だれを合わせて添える。
◎豚肉はもう一度火を通すので、くれぐれもゆですぎないようにしてください。

## ウズベク風ラムとにんじんのプロフ

材料（4人分）
米　2合
ラム肉（焼肉用）　150g
にんじん　1と1/2本
玉ねぎ　1/2個
にんにく　4片
チキンスープの素（刻む）
　1/2個
オリーブオイル　大さじ2
クミンシード　小さじ1/2
ローリエ　1枚
塩、黒こしょう　各適量
ゆで卵　4個
ディル、香菜　各適量

◎辛子マヨネーズ
マヨネーズ　大さじ3
練り辛子　小さじ1/2

作り方

1 米はといで炊飯器の内釜に入れ、いつもより心持ち少なめの水加減にする。チキンスープの素を加えて軽く混ぜ、30分ほど浸水させる。

2 ラム肉はひと口大に切って塩、こしょうで軽く下味をつける。にんじんは4cm長さの細切り、玉ねぎは1cm幅に切ってから半分の長さに切る。にんにくは薄皮ごと根元を切り落とす。

3 フライパンにオリーブオイルを強火で熱し、にんにくと玉ねぎを炒める。玉ねぎのふちに焼き色がついてきたら、ラム肉を加えて炒め合わせる。肉の色が変わったらにんじんを加え、途中で塩ふたつまみとクミンシード、ちぎったローリエを加えてざっと炒める。

4 **3**を**1**にのせ、炊く。炊き上がったら10分ほど蒸らしてざっくり混ぜ、塩、こしょうで味をととのえる。

5 器に**4**を盛り、半分に切ったゆで卵、刻んだディルと香菜を合わせたもの、混ぜ合わせた辛子マヨネーズを添える。
◎ラム肉が苦手な方は、カレー用の豚肉を使ってもとてもおいしくできます。

## あさりのフライパンパエリア

材料（4人分）
米　2合
あさり　450g
にんにく　2片
玉ねぎ　1/2個
パプリカ　1/2個
サラミソーセージ　30g
サフラン　ひとつまみ
スライス干ししいたけ
3g
オリーブオイル　大さじ3
白ワイン　1/4カップ
ローリエ　2枚

A
- チキンスープの素（刻む）
1個
- トマトペースト 大さじ1
- 水塩　小さじ1/4

パセリ、黒こしょう　各適量

作り方

1 あさりは海水くらいの塩水に浸け、砂出ししておく。にんにくは包丁の腹でつぶしてから粗みじん切り、玉ねぎはみじん切りにする。パプリカは4～5cm長さの細切りに、サラミは細切りにする。サフランは小さめの器に入れ、熱湯大さじ1を注いでラップをかけ、15分ほどおいて色と香りをひき出す（a）。

2 フライパンにオリーブオイルを強火で熱し、にんにくを炒める。いい香りがしてきたら玉ねぎを加えて炒め、玉ねぎが透き通ってきたらサラミ、干ししいたけ、米を洗わずに加え、米が透き通るまで炒め合わせる。

3 2に白ワインを加えて全体をざっと混ぜ、1のサフラン、サフランのもどし汁と水を合わせて2カップに調整したもの、Aを加えてよく混ぜる。

4 3にパプリカとあさりをのせ、ローリエをちぎってちらす。煮立ったらふたをして弱火にし、30分ほど炊く。
仕上げに20秒ほど強火にしておこげを作る。

5 刻んだパセリをちらし、こしょうをひいて、フライパンごと食卓に出す。

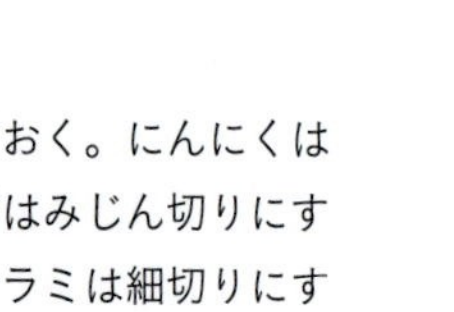

a

## ソーセージとたらのフライパンパエリア

材料（4人分）
米　2合
生だら　2切れ
にんにく　2片
粗びきソーセージ（大）　8本
にんじん　1/2本
ミニトマト　8個
パプリカ　1/4個
オリーブオイル　大さじ1と1/2
バター　10g
白ワイン　1/4カップ
ローリエ　1枚

A
チキンスープの素（刻む）
　1と1/2個
塩　小さじ1/4
水　2カップ

パセリ、黒こしょう　各適量

作り方

1 たらは1切れを3等分に切る。にんにくは包丁の腹でつぶしてから粗みじん切りにする。ソーセージは2箇所ほど縦に切り目を入れる。にんじんは薄い輪切り、ミニトマトは横半分に、パプリカは斜め細切りにする。

2 フライパンにオリーブオイルを強火で熱し、にんにくを炒める。いい香りがしてきたらバターとたらを加えて焼きつけ、米を洗わずに加え、米が透き通るまで炒め合わせる。

3 2に白ワインを加えて全体をざっと混ぜ、Aも加えてよく混ぜる。煮立ったらにんじん、ミニトマト、パプリカ、ちぎったローリエをのせ、ふたをして弱火にする。15分ほどしたらソーセージをのせ、再びふたをして15分ほど炊く。仕上げに20秒ほど強火にしておこげを作る。

4 刻んだパセリをちらし、こしょうをひいて、フライパンごと食卓に出す。
◎粒マスタードをつけて食べてもおいしいです。

## 海南パリパリ鶏飯

材料（4人分）
米　2合
**蒸し鶏**　全量
片栗粉　適量
サラダ油　大さじ2

A｜蒸し鶏の蒸し汁　全量
｜酒、ナンプラー　各大さじ1

香菜　適量

◎チリソース
トマトケチャップ　大さじ3
にんにく（すりおろす）　1/2片
豆板醤　小さじ1/2
ナンプラー　小さじ2
酢　小さじ1

作り方

1 米はといで炊飯器の内釜に入れ、少なめの水に浸しておく。
2 Aを1に加えていつもの水加減に調整する。軽く混ぜ、炊く。
3 蒸し鶏は1枚を半分に切り、温かいうちにキッチンペーパーでしっかり汁気をふき取って、両面に片栗粉をまぶす。フライパンにサラダ油を強火で熱し、皮目から並べ入れて両面パリッと焼き目がつくまで焼く（はねやすいので鍋のふたを盾にして焼くとよい）。
4 3を食べやすく切り、2のご飯とともに盛り合わせる。刻んだ香菜と混ぜ合わせたチリソースを添える。

### 蒸し鶏

材料
鶏もも肉　2枚（約500g）
しょうが（皮付きの薄切り）　2枚
酒　1/4カップ
塩、黒こしょう　各少々

作り方

1 鶏肉は半分に切って塩、こしょうで軽く下味をつける。
2 鍋に1を重ならないように並べ、しょうが、酒、水1/4カップを加えてふたをし、強火にかける。煮立ったら弱火にし、15分ほど蒸し煮にする。火を止めて5分ほどおき、余熱で火を通す。

## チキンビリヤニ

材料（4人分）
米 2合
鶏手羽元 8本

◎下味
にんにく、しょうが（すりおろす） 各1片
プレーンヨーグルト 大さじ3
カレー粉 小さじ2
クミンシード 小さじ1
塩 小さじ1/2
サフラン ひとつまみ
黒こしょう 適量

A
ココナッツミルク 1/4カップ
ターメリック 小さじ1
塩 ひとつまみ
カレー粉 小さじ1
チキンスープの素（刻む） 1個

ローリエ（ちぎる） 2枚
オリーブオイル 大さじ1

作り方

1 下味の材料をよく混ぜ合わせ、鶏肉にからめて冷蔵庫で2〜3時間おく。
2 フライパンにオリーブオイルを強めの中火で熱し、1の鶏肉の表面に焼き目がつくまで焼く。
3 米はといで炊飯器の内釜に入れ、Aを加えていつもの水加減にする。よく混ぜ、30分ほど浸水させる。
4 3に2とローリエをのせ、炊く。炊き上がったら鶏肉を取り出して器の底に並べ、上からご飯をかぶせてしゃもじでこんもりと形をととのえる。

## 中華風ひじきごはん

材料（3～4人分）
米　2合
スライス干ししいたけ、
芽ひじき（乾燥）　各5g
だし昆布　5cm角1枚

A｜酒　大さじ2
｜オイスターソース　大さじ1と1/2
｜しょうゆ　小さじ1
｜ごま油　大さじ1

万能ねぎ　適量
塩、黒こしょう　各適量

作り方

1 米はといで炊飯器の内釜に入れ、Aを加えていつもの水加減にする。軽く混ぜ、昆布をのせる。さらに乾燥したままの干ししいたけと芽ひじきを加え、水大さじ2を加えて30分ほど浸水させる。
2 1を炊く。炊き上がったら10分ほど蒸らし、昆布を取りのぞく。味をみて足りなければ塩で味をととのえる。
3 茶碗に盛り、小口切りにした万能ねぎをちらし、こしょうをひく。

## 中華五目

材料（4人分）
米　2合
干ししいたけ　2枚
いんげん　10本
長ねぎ　15cm
ごぼう　1/3本
にんじん　1/2本
焼き豚（市販）　100g

A
酒　大さじ2
オイスターソース　大さじ1と1/2
しょうゆ　小さじ1
干ししいたけのもどし汁　1/4カップ
鶏ガラスープの素　小さじ2
ごま油　大さじ1/2

ごま油　大さじ1
ゆで銀杏、香菜　各適量
塩、黒こしょう　各適量

作り方

1 干ししいたけはひたひたの水にひと晩浸けてもどし(P32・a)、石づきは切り落とし、かさと軸は1cm角に切る。もどし汁はとっておく。いんげんは2cm長さ、長ねぎは粗みじん切りにする。ごぼうは縦4等分にしてから1cm角に切り、水にさらしてアクをぬく。にんじんと焼き豚は1cm角に切る。

2 フライパンにごま油を熱し、強火で長ねぎを炒める。しんなりしたらいんげん以外の1の材料を加えて炒める。油がまわったらAを加える。煮立ったらざるで濾《こ》し、具と汁に分けて粗熱を取る。

3 米はといで炊飯器の内釜に入れ、2の煮汁を加えていつもの水加減に調整する。軽く混ぜ、2の具といんげんをのせて炊く。

4 炊き上がったらゆで銀杏を加えて10分ほど蒸らす。味をみて足りなければ、塩で味をととのえる。

5 器に盛り、こしょうをたっぷりひいて、刻んだ香菜をのせる。

## 「懐かしのチキンライス」で作る オムライス

材料（2人分）
**懐かしのチキンライス** 半量
卵 3個
サラダ油 少々
バター 15g
塩、黒こしょう 各少々
トマトケチャップ 適量

作り方
1 ボウルに卵を溶きほぐし、塩、こしょうをする。
2 フライパンにサラダ油とバター半量を熱し、1の半量を流し入れる。すぐに菜箸で混ぜ、半熟にする。卵の向こう側に「懐かしのチキンライス」半量をのせ、フライパンを傾けながら卵でくるみ、皿にフライパンを返すようにして盛り付ける。残りも同様に作る。
3 器に盛り、ケチャップをしぼる。

## 懐かしのチキンライス

材料（4人分）
米 2合

A
トマトジュース 1/4カップ
トマトケチャップ 大さじ3
ウスターソース 大さじ1
塩 小さじ1/4
チキンスープの素（刻む） 1個

鶏もも肉 1枚（約250g）
玉ねぎ 1/2個
にんじん 1/3本
グリーンピース（さやから出したもの） 80g
サラダ油 大さじ1
バター 10g
ローリエ 1枚
塩、黒こしょう 各適量

作り方
1 米はといで炊飯器の内釜に入れ、Aを加えていつもの水加減にする。よく混ぜ、30分ほど浸水させる。
2 鶏肉は2cm角に切って軽く塩、こしょうする。玉ねぎはみじん切り、にんじんは粗みじん切りにする。グリーンピースは塩ひとつまみを加えた湯で2分ほどゆでる。半分ほど湯を捨て、水を足してぬるま湯にし、しわが寄らないよう、そのまま浸しておく。
3 フライパンにサラダ油を中火で熱し、玉ねぎを炒める。透き通ってきたら鶏肉、にんじん、バターを加え、鶏肉の色が変わり、玉ねぎがしんなりするまで炒め合わせる。
4 3とローリエを1の上にのせ、炊く。炊き上がったら10分ほど蒸らし、水気を切ったグリーンピースを加え、塩、こしょうで味をととのえる。

## 鯛めし

材料（3～4人分）
米　2合
真ダイ（切り身）　2枚
塩　小さじ1/3
しょうが　1片
だし昆布　5cm角1枚

A
- 酒　大さじ2
- しょうゆ　小さじ2
- ごま油　小さじ1

三つ葉　1株

作り方

1 米はといで炊飯器の内釜に入れ、A を加えていつもの水加減にする。軽く混ぜ、昆布をのせて30分ほど浸水させる。

2 タイはバットなどに並べ入れ、塩をふってラップをかける。冷蔵庫に30分ほどおいてから、出てきた水気をキッチンペーパーでふき取る。しょうがはせん切りにする。

3 2を1の上にのせ、炊く。炊き上がったら10分ほど蒸らして昆布を取りのぞき、タイの骨と皮ものぞく。1cm長さのざく切りにした三つ葉を加え、タイの身をほぐしながらさっくり混ぜる。

# ［おこわ3種］

## 赤飯

材料（3～4人分）
もち米　2合
小豆（あればササゲ）
　1/4 カップ
黒ごま塩　適量

a

作り方

1 もち米はといでざるに上げ、30 分ほどおく。
2 小豆はざっと洗って小鍋に入れ、たっぷりの水を加えて中火にかける。煮立ったら弱火にし、5～6 分煮てアクをぬき、ゆでこぼす（湯を捨ててざるに上げる）。
3 2の小豆を小鍋に戻し入れ、水 2 カップを加えて再び中火にかける。煮立ったら弱火にし、豆がおどらないくらいの火加減で（a）20 分ほど静かにゆでる（しわがほんの少し残っているくらいのかためでよい）。皮がはじけないようそのままゆで汁に浸けて冷ます。粗熱が取れたらざるに上げ、ゆで汁を取り分ける。
4 炊飯器の内釜に 1 のもち米と 3 のゆで汁を入れ、いつもより 2 割ほど少なめの水加減に調整する。3 の小豆を広げてのせ、30 分ほど浸水させて炊く。
5 炊き上がったら 10 分ほど蒸らし、さっくり混ぜる。茶碗に盛ってごま塩をふる。

## 帆立とごぼうの炊き込みおこわ

材料（3〜4人分）
米　1合
もち米　1合
帆立（刺身用）100g
ごぼう　1/2本
だし昆布　5cm角1枚

A
- 酒　大さじ2
- ナンプラー　小さじ2
- 塩　小さじ1/2
- ごま油　小さじ2

黒七味　適量

作り方

1 米ともち米はといで炊飯器の内釜に入れ、Aを加えていつもより2割ほど少なめの水加減にする。軽く混ぜ、昆布をのせて30分ほど浸水させる。

2 帆立は貝柱と端のコリコリした部分に分ける（P21・a）。ごぼうはたわしで泥をこすり洗い、ささがきにして水にさらす。軽くもんで2〜3回水を取りかえ、アクをぬく。

3 1をひと混ぜして平らにならし、2の帆立（P34・a）とごぼうをのせて炊く。炊き上がったら10分ほど蒸らし、帆立をくずすようにしてさっくり混ぜる。

4 茶碗に盛り、黒七味をふる。

## 鶏としいたけの中華おこわ

材料（3〜4人分）
米　1合
もち米　1合
鶏もも肉　1枚（約250g）
しょうが　1片
スライス干ししいたけ　5g
だし昆布　5cm角1枚

A
酒　大さじ2
オイスターソース
　大さじ1と1/2
しょうゆ　小さじ1
ごま油　大さじ1

小松菜　2株
塩、黒こしょう　各適量

作り方

1 米ともち米はといで炊飯器の内釜に入れ、Aを加えていつもより2割ほど少なめの水加減にする。軽く混ぜ、干ししいたけと昆布をのせて30分ほど浸水させる。
2 鶏肉はひと口大に切る。しょうがはせん切りにする。
3 1をひと混ぜして平らにならし、2をのせて炊く。炊き上がったら10分ほど蒸らし、昆布を取りのぞく。色よくゆでて2cm長さに切った小松菜を加え、さっくりと混ぜ、塩、こしょうで味をととのえる。

# 第3章 ちらしずし、混ぜごはん

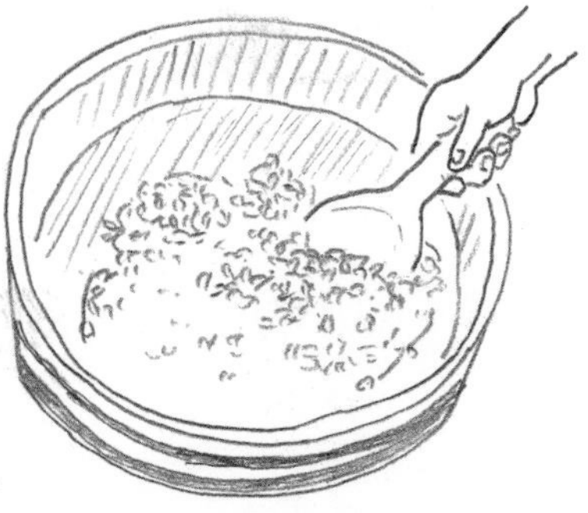

炊きたてのうちに手早く。

## すし飯は簡単にできます

**1** 米2合はとぎ、いつもより少なめに水加減して30分ほど浸水し、ふつうに炊く。

混ぜるというよりはごはんに酢を吸わせる気持ちで。

**2** 炊きたてのご飯を飯台にあけ、すし酢大さじ4をいちどにまわしかける。はじめはすし酢を吸わせるつもりで、しゃもじで上下を返したり、切るようにしながら、できるだけいじらずにさっくりと混ぜる（しゃもじは水でしめらせること）。

**3** ご飯がすし酢を吸ったら、うちわで手早くあおぎながら余計な水分をとばし、ツヤを出す。

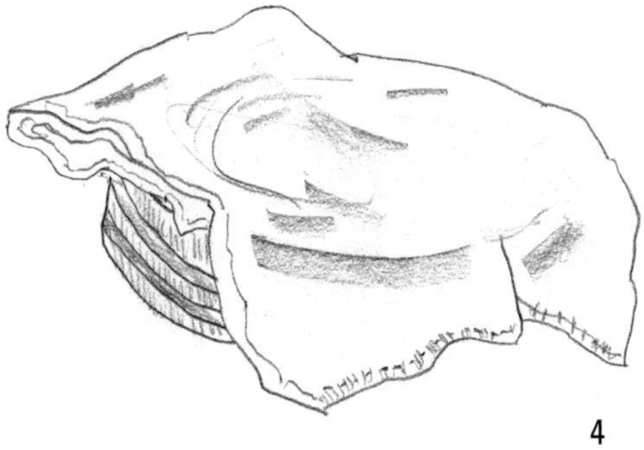

**4** いりごまやじゃこなどはここで加え、ざっと合わせてからふきんをかぶせ、粗熱を取る。

◎夏の暑い日には、すし酢の量を少し多めに加えるとさっぱりします。

◎すし飯は冷めると混ぜにくいので、具を加えるときにはしゃもじよりも菜箸で。

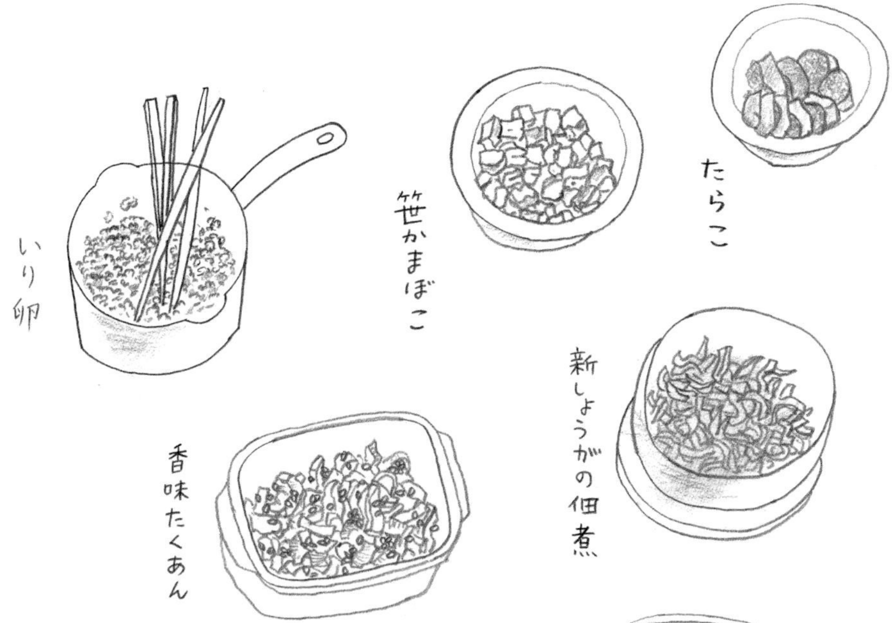

## 具は、あるものでも

お刺身などの具がそろわなくても、ちくわやハム、漬け物、佃煮など、冷蔵庫の残りもので気軽に作ってみてください。卵の黄色や薬味の類が加わることで、どんなものを混ぜても彩りよくおいしくできます。おせち料理の数の子が残ったら、薄切りにして混ぜるのもおすすめです。

## すし酢

お気に入りのすし酢を常備しておくと、いつでも気軽にちらしずしができます。これは、はちみつ入りの自然な甘みのもの。

## 手作りするなら……

材料（米2合分）
酢　大さじ4
きび砂糖　大さじ1と½
塩　小さじ⅓
作り方
小鍋に調味料を合わせて軽く煮立て、よく混ぜて砂糖を溶かす。

## あるものちらし

材料（4人分）
**すし飯**（P60）　2合分
白ごま　大さじ3
ちりめんじゃこ　大さじ2

◎具
笹かまぼこ　4枚
たらこ　1/2腹
**香味たくあん**（P14）　1カップ弱
青じそ　10枚
**新しょうがの佃煮**（P15）　大さじ3
**梅みょうが**（P14）　大さじ2
空豆　10粒

◎いり卵
卵　2個
きび砂糖　大さじ1
塩　ひとつまみ
ごま油　少々

切りのり　適量

作り方

1 笹かまぼこは1cm角に、たらこは1cm幅に切る。香味たくあんは細切り、青じそはせん切りにする。

2 空豆は薄皮のおしりの部分に切り目を入れ、塩ひとつまみ（分量外）を加えた熱湯で2～3分ゆでる。粗熱が取れたら皮をむき、半分に割る（P22・a）。

3 いり卵を作る（P64）。

4 すし飯にごま、ちりめんじゃこ、1、新しょうがの佃煮、梅みょうがを加え、ざっくり混ぜる。残りの具といり卵を彩りよくちらし、切りのりをあしらう。
◎空豆の代わりに枝豆でもおいしくできます。

## 手巻き梅ねぎトロずし

材料（4人分）
**すし飯**（P60）　2合分
白ごま　大さじ2

◎梅ねぎトロ
ねぎトロ用まぐろ
　180g
梅干し（大）　1個
万能ねぎ　5本
しょうゆ　大さじ1/2
ごま油　小さじ1

◎薬味
貝割れ大根　1パック
青じそ　8枚
みょうが　2個

ガリ（自家製レシピはP15）
　適量
焼きのり　適量

作り方
1 梅干しは種をはずして包丁でたたき、万能ねぎは小口切りにする。ボウルに梅ねぎトロの材料を合わせ入れ、和える。
2 貝割れ大根は根元を切り落として1cm長さに、青じそはせん切り、みょうがは縦半分に切ってから薄切りにし、すべて合わせておく。
3 すし飯にごまと**1**を加えてざっくり混ぜ、さらに**2**の薬味を加えて混ぜる。
4 器に盛ってガリを添える。食べやすい大きさに切ったのりにのせ、巻いて食べる。
◎お好みでわさびじょうゆをつけながらどうぞ。

# 薬味たっぷりちらしずし

材料（4人分）
**すし飯**（P60）　2合分
白ごま　大さじ3

◎刺身
真ダイ（刺身用）　1サク（約130g）
サーモン（刺身用）　1サク（約130g）

**ヅケのタレ**　大さじ4
**いり卵**　全量
きゅうり　2本

◎薬味
青じそ　7～8枚
貝割れ大根　1パック
みょうが　2個

ガリ（自家製レシピはP15）　適量

作り方

1 刺身は食べやすい大きさに切ってボウルに入れ、ヅケのタレをからめて冷蔵庫で30分ほど漬ける。

2 きゅうりは薄切りにし、塩ひとつまみ（分量外）をなじませ、20分ほどおく。水が出てきたら軽くもんで水気をしぼる。青じそはせん切り、貝割れ大根は根元を切り落として3cm長さ、みょうがは縦半分にして斜め薄切りにする。

3 すし飯にごまと2のきゅうりと薬味を半量加えてざっくり混ぜる。いり卵を半量ちらして1のヅケをのせる。残りの薬味といり卵を彩りよくちらし、ガリを添える。

## ヅケのタレ（白身用）

材料（作りやすい分量）

A
酒　大さじ6
みりん　大さじ2
薄口しょうゆ　大さじ3

ごま油　小さじ2
柚子こしょうまたは
　わさび　小さじ1

作り方
小鍋にAを合わせ入れ、中火にかける。ひと煮立ちしたら火を止め、粗熱が取れたらごま油と柚子こしょうを加え混ぜる。
◎すぐに使う場合は、氷水にあてて粗熱を取ってください。
◎冷蔵庫で2週間ほど保存可。

## いり卵

1 ボウルに卵2個を溶きほぐし、きび砂糖大さじ1と塩ひとつまみを加えてよく混ぜる。

2 小鍋にごま油少々をぬって強めの中火にかけ、1の卵液を流し入れる。時々火から離しながら菜箸4～5本を使って手早く混ぜ（a）、半熟になってきたら火を止め、さらに混ぜて細かくほぐす。

a

## ひな祭りのちらしずし

材料（4人分）
**すし飯**（P60）　2合分
白ごま　大さじ2
**かんぴょうとしいたけの甘煮**（P15）
　2/3量

◎具
**桜おぼろ**（P13）　1/2量
**菜の花のしょうゆ洗い**　全量
**錦糸卵**　全量
いくら　適量

紅しょうが　適量

作り方
1 すし飯にごまとかんぴょうとしいたけの甘煮を加えて混ぜ、器に盛る。
2 具を1に彩りよくちらし、紅しょうがを添える。

### 菜の花のしょうゆ洗い

材料
菜の花　2/3束
塩　ひとつまみ
薄口しょうゆ　大さじ1

作り方
1 水を張ったボウルに菜の花を放ち、1時間以上浸けて葉を開かせる。
2 塩を加えたたっぷりの湯で1を色よくゆで、ざるにとってそのまま冷ます。
3 水気をしぼってボウルに入れ、薄口しょうゆをまわしかける。軽くなじませてからキュッとしぼり、3cm長さに切る。

### 錦糸卵

材料
卵　3個
きび砂糖　大さじ1/2
塩　ひとつまみ
サラダ油　適量

作り方
1 ボウルに卵を溶きほぐし、砂糖と塩を加えてよく混ぜる。
2 熱したフライパンにサラダ油をぬり、一度ぬれぶきんの上におく。1の卵液をお玉1杯分流し入れ、薄く広げてから再び火にかける。
3 中火にかざしながら、まわりがチリチリして表面がまだ湿っているうちに、再びフライパンをぬれぶきんの上に戻し、まわりから菜箸をそっと入れて表裏を返す。裏は温める程度に軽く焼き、逆さにしたざるの上にフライパンを返してのせる。
4 残りも同様にして焼き、粗熱が取れたらくるくると巻いて、せん切りにする。

## ベトナム風とうもろこしの混ぜごはん

材料（4人分）
ご飯（炊きたて）
　茶碗4杯分
鶏ひき肉（もも）　150g
とうもろこし（ゆでてほぐす）　1と1/2カップ

◎薬味
香菜　2株
みょうが　2個
青じそ　10枚

にんにく（薄切り）　1片
塩　少々
ナンプラー　大さじ1
サラダ油　大さじ1
**スイートチリソース**
　適量
黒こしょう　適量

作り方

1 香菜は1cm長さのざく切り、みょうがは小口切り、青じそはおおまかにちぎって、すべて合わせておく。
2 フライパンにサラダ油とにんにくを入れ、中火にかける。香りが立ってきたらひき肉を加えてほぐしながら炒める。
3 ひき肉が白っぽくなったら塩をふり、とうもろこしを加える。とうもろこしがプリッとしてきたらナンプラーを加えてざっと炒め合わせ、こしょうをたっぷりひく。
4 大きめのボウルにご飯と3を入れ、ざっくり混ぜる。1の薬味を加えて混ぜ、器に盛ってスイートチリソースをかけて食べる。

### スイートチリソース

材料（作りやすい分量）
にんにく（すりおろす）　1/2片
ナンプラー、きび砂糖、水　各大さじ2
豆板醤　小さじ1/2

作り方
すべての材料をビンに入れ、ふり混ぜる。
◎冷蔵庫で1ヶ月ほど保存可。

## とうもろこしのバターじょうゆ混ぜごはん

材料（2人分）
ご飯（炊きたて）　茶碗2杯分
とうもろこし(ゆでてほぐす)
　1カップ
バター　10g
しょうゆ　小さじ2
黒こしょう　適量

作り方
1 フライパンにバターを入れ、強火にかける。とうもろこしを加え、ところどころ焼き目がついてプリッとふくらむまでよく炒める。火を止め、しょうゆをまわしかける。
2 ボウルにご飯を入れ、1を加えて混ぜる。器に盛り、こしょうをたっぷりひく。

# ひじき入り秋のきんぴら混ぜごはん

材料（2〜3人分）
ご飯（炊きたて）　茶碗 2 杯分
**ひじき入り秋のきんぴら**　1 カップ強
**いり豆腐**　全量
いり白ごま　大さじ 2
三つ葉　1/4 株
粉山椒、紅しょうが　各適量

作り方

1 大きめのボウルにご飯を入れ、ひじき入り秋のきんぴらとごまを加えてしゃもじで切るようにしながらまんべんなく混ぜる。全体が混ざったら、1cm 長さに切った三つ葉といり豆腐も加えて混ぜる。

2 器に盛って、粉山椒をふり、紅しょうがを添える。

## いり豆腐

材料
もめん豆腐　1/4 丁
卵　1 個

A
- きび砂糖　大さじ 1
- 塩　ひとつまみ

ごま油　小さじ 1

作り方

1 豆腐はキッチンペーパーに包み、20 分ほどおいて軽く水切りする。

2 ボウルに卵を溶きほぐし、A を加えてよく混ぜる。

3 小鍋にごま油を中火で熱し、1 をくずしながら加える。菜箸 4 〜 5 本を束ねて持ち、ほぐしながらいりつける。豆腐に火が通ったら 2 の卵液を流し入れ、さらにほぐしながらほろほろにいりつける。

## ひじき入り秋のきんぴら

材料（作りやすい分量）
牛こま切れ肉　150g
芽ひじき（乾燥）　15g
しいたけ　4 枚
まいたけ　1/2 パック（約 50g）
れんこん　1/2 節（約 100g）
ごぼう　1/2 本

A
- 酒、しょうゆ　各大さじ 3
- みりん　大さじ 2
- きび砂糖　大さじ 1 と 1/2

ごま油　大さじ 1

作り方

1 芽ひじきはたっぷりの水に 15 分ほど浸け、もどす。牛肉はひと口大に切る。しいたけは石づきを切り落とし、かさは薄切り、軸は細かくさく。まいたけはおおまかにほぐす。れんこんは黒くなっているところだけ薄く皮をむき、いちょう切りにして水にさらす。ごぼうはたわしでよく洗ってささがきにし、水にさらす。

2 大きめのフライパンか中華鍋にごま油を強火で熱し、牛肉を炒める。色が変わってきたら水気をよく切ったひじき、れんこん、ごぼうを加えて炒め合わせる。油がまわったらきのこ類と A を加え、汁気がなくなるまでいりつける。

◎冷蔵庫で 1 週間ほど保存可。
◎コチュジャンとにらを加え、玄米チャーハンの具にするのもおすすめです。

## 豚のしぐれ煮混ぜごはん

材料（2人分）
ご飯（炊きたて）
　茶碗2杯分
豚こま切れ肉　150g
オクラ　4本
みょうが　1本
しょうが　2片
青じそ　4枚

A
酒、しょうゆ　各大さじ2
みりん　大さじ1
きび砂糖　小さじ2

粉山椒　適量

作り方

1 豚肉は食べやすい大きさに切る。オクラはヘタを落とし、ガクのまわりの黒いところをくるりとむいて色よくゆで、小口切りにする。みょうがは薄切り、しょうがと青じそはせん切りにする。

2 小鍋にAを合わせ、強火にかけながら混ぜる。ひと煮立ちして砂糖が溶けたら、1の豚肉を加える。菜箸でほぐしながら煮、色が変わってきたらしょうがを加えて煮汁がなくなるまで炒りつける。

3 大きめのボウルにご飯を入れ、2を加えて混ぜる。器に盛り、1のオクラとみょうが、青じそを合わせてのせる。さっくりと全体を混ぜ、粉山椒をふって食べる。

## 鮭五目

材料（2～3人分）
ご飯（炊きたて）　茶碗2杯分
塩鮭　1切れ
**かんぴょうとしいたけの甘煮**
（P15）　1/3量

A
実山椒の佃煮（市販）　小さじ1
白ごま　大さじ2

◎いり卵
卵　2個
きび砂糖　大さじ1
塩　ひとつまみ
ごま油　少々

スナップエンドウ　6本
焼きのり　適量

作り方

1 鮭は焼いてほぐす。かんぴょうとしいたけの甘煮は細かく刻む。
2 いり卵を作る（P64）。スナップエンドウは筋を取り、色よくゆでて斜め薄切りにする。
3 大きめのボウルにご飯、**1**、**A**と**2**を半量ずつ加えて混ぜる。
4 器に盛り、残りのいり卵とスナップエンドウを彩りよく飾り、ちぎったのりをちらす。

# 第4章 どんぶり、小どんぶり

## ［どんぶり］

### 焼き肉どん

材料（2人分）
ご飯（炊きたて）　丼2杯分
焼き肉用牛カルビ肉　150g
なす　1本
ゴーヤー　4cm
**焼き肉のタレ**　大さじ2～3
ごま油　大さじ1と1/2
白菜キムチ　適量
塩、黒こしょう　各少々

作り方

1 牛肉は食べやすい大きさに切り、焼き肉のタレ小さじ2をふってもんでおく。なすは半分の長さにしてから縦1cm幅に切って、水にさらす。ゴーヤーは種とワタを取りのぞき、5mm幅に切る。
2 フライパンにごま油を強火で熱し、水気を切ったなすを並べ入れる。両面にこんがりと焼き目がついたら一度取り出す。同じフライパンに油が足りないようなら適量加えてゴーヤーを炒め、軽く塩、こしょうをふる。
3 丼にご飯を盛り、2をのせる。
4 2のフライパンに1の牛肉を油をひかずに広げ、強火で両面を軽く焼く。残りの焼き肉のタレを加え、からめる。
5 3に4を焼き汁ごとのせ、キムチをあしらう。

**焼き肉のタレ**

材料（作りやすい分量）

A
酒、みりん　各大さじ1
きび砂糖　大さじ1と1/2
しょうゆ　1/4カップ
にんにく（すりおろす）　1/2片
一味唐辛子　適量

玉ねぎ（すりおろす）　1/4個
ごま油　大さじ1/2
白ごま　小さじ2

作り方
小鍋にAを合わせ入れ、強火にかける。ひと煮立ちしたら火を止め、粗熱が取れたら玉ねぎ、ごま油、ごまを加え混ぜる。
◎冷蔵庫で1ヶ月間ほど保存可。

## 鶏の塩焼きどん

材料（2人分）
ご飯(炊きたて)　丼2杯分
鶏もも肉（大）
　1枚（約300g）
長ねぎ　1本
焼きのり　1枚
塩　小さじ1/2
ごま油　小さじ1
柚子こしょう　適量

作り方
1 鶏肉は半分に切って塩をすりこむ。長ねぎは縦半分にしてから1cm幅の斜め切りにする。のりはおおまかにちぎる。
2 フライパンにごま油を強火で熱し、鶏肉を皮目から並べ入れて焼く。香ばしい焼き目がついたら返し、弱火にしてふたをし、中までじっくり火を通す。竹串をさして透明な肉汁が出てきたら脇に寄せ、あいたところで長ねぎをさっと炒める。
3 丼にご飯を盛り、1ののりをちらす。食べやすく切った2の鶏肉と長ねぎをのせ、焼き汁をまわしかけて柚子こしょうを添える。

## 鶏の照り焼きどん

材料（2人分）
ご飯（炊きたて）　丼2杯分
鶏もも肉（大）　1枚（約300g）
長ねぎ（白い部分）　1本
ピーマン　3個

A｜酒、みりん　各大さじ1
　｜きび砂糖　大さじ1
　｜しょうゆ　大さじ2

塩、黒こしょう　各適量
ごま油　小さじ1
七味唐辛子　適量

作り方

1 鶏肉は半分に切って軽く塩、こしょうする。長ねぎは5cm長さに切る。ピーマンは縦半分に切ってから種とワタを取りのぞき、さらに縦半分に切る。
2 フライパンにごま油を強火で熱し、鶏肉を皮目から並べ入れて焼く。香ばしい焼き目がついたら返し、弱火にしてふたをし、中までじっくり火を通す。
3 焼き網に長ねぎとピーマンをのせ、軽く焼き目がつくまで焼く。
4 2の鶏肉に竹串をさして透明な肉汁が出てきたら3のねぎを加え、Aを合わせ入れて強火にし、煮からめる。とろみがついてきたら3のピーマンを加える。
5 丼にご飯を盛り、食べやすく切った4の鶏肉と長ねぎ、ピーマンをのせて七味唐辛子をふる。
◎七味唐辛子の代わりに粉山椒をふりかけても。

## トンテキどん

材料（2人分）
ご飯(炊きたて)　丼2杯分
豚ロース厚切り肉（大）
　2枚（約340g）
にんにく（大）　1片

A｜酒　大さじ2
　｜しょうゆ
　｜　大さじ1と1/2

バター　10g
塩、黒こしょう　各適量
サラダ油　小さじ1
わさび　適量

作り方

1 豚肉は脂身と赤身の間に切り目を入れて筋切りし（a)、塩、こしょうでしっかりめに下味をつける。にんにくは薄切りにする。
2 フライパンにサラダ油を中火で熱し、にんにくを炒める。色づいてきたら一度取り出す。
3 2を強火にして豚肉を並べ入れる。香ばしい焼き目がついたら返し、ふたをして弱火で中まで火を通す。竹串をさして透明な肉汁が出てきたら火を止め、取り出して食べやすい大きさに切る。
4 3のフライパンの脂を半分ほどふき取り、2のにんにくを戻し入れて強火にかける。Aを加えて混ぜながら煮立て、軽くとろみがついたらバターを加え、溶かし混ぜる。火を止めてこしょうをひく。
5 丼にご飯を盛り、3の豚肉をのせる。4の焼き汁をまわしかけて、わさびを添える。

a

## 豚トマどん

材料（2人分）
ご飯（炊きたて）　丼2杯分
豚バラ薄切り肉　100g
玉ねぎ　1/2個
にんにく　1片
トマト（大）　1個
青じそ　10枚

A｜酒　大さじ2
　｜しょうゆ　大さじ1

バター　10g
塩、黒こしょう　各適量
サラダ油　大さじ1/2

作り方

1 豚肉は3cm幅に切り、塩、こしょうで軽く下味をつける。玉ねぎとにんにくはみじん切り、トマトはヘタを取って大きめの乱切り、青じそはせん切りにする。

2 フライパンにサラダ油を強火で熱し、にんにくを炒める。香りが立ったら玉ねぎを加え、しんなりするまで炒める。

3 豚肉を加えてほぐしながら炒め合わせ、豚肉が白っぽくなったらトマトとAを加える。焼き汁にバターを加えて溶かし混ぜ、こしょうをたっぷりひく。

4 丼にご飯を盛り、3を焼き汁ごとのせて青じそをあしらう。

## アジアン鶏照りどん

材料（2人分）
ご飯（炊きたて）　丼2杯分
鶏もも肉　1枚（約250g）

◎下味
にんにく（すりおろす）　1/2片
塩、黒こしょう　各適量
ごま油　大さじ1/2

酒　大さじ2
きゅうり　1本
玉ねぎ　1/2個
卵　2個

A
オイスターソース　小さじ2
ナンプラー　小さじ1
きび砂糖　大さじ1/2
しょうゆ　小さじ2
豆板醤　小さじ1/3

香菜　適量

作り方

1 鶏肉は半分に切り、身の厚い部分は包丁を入れて開く。ボウルに鶏肉と下味の材料を入れ、よくもみこむ。

2 きゅうりは斜め厚切りにする。玉ねぎは薄切りにして水にさらし、ざるに上げる。卵は半熟の目玉焼きにする。

3 フライパンを強火にかけ、油をひかずに1を皮目から焼く。焼き目がついたら返し、酒をふる。すぐにふたをし、弱火にして蒸し焼きにする。竹串をさして透明な肉汁が出てきたらAを合わせ入れ、混ぜながら強火で煮からめる。

4 丼にご飯を盛り、3をタレごとのせる。きゅうり、玉ねぎ、刻んだ香菜を添え、目玉焼きをのせる。

## タコライス

材料（2人分）
ご飯（炊きたて）　丼2杯分
合いびき肉　200g
にんにく（大）
（みじん切り）1片

A
トマトケチャップ　大さじ1
トマトペースト　大さじ1/2
しょうゆ　小さじ1
オレガノ（乾燥）　適量
チリパウダー　適量

サラダ油　大さじ1/2
レタス　2枚
香菜　適量
ゆで卵　1個
プロセスチーズ　40g
**サルサソース**　適量
タコチップス　適量
塩、黒こしょう　各適量

作り方

1 レタスは細切り、香菜は1cm長さのざく切りにする。ゆで卵は半分に、チーズは1cmのさいの目に切る。

2 フライパンにサラダ油を強火で熱し、にんにくを炒める。香りが立ってきたらひき肉を加えてほぐしながら炒める。軽く塩、こしょうし、ポロポロになってきたらAを加え、全体がなじむまで炒める。火からおろしてこしょうをたっぷりひき、チーズを加える。

3 器にご飯を盛り、レタスとゆで卵を並べる。ご飯の上に2をのせ、サルサソースをかけて、砕いたタコチップスと香菜を添える。

### サルサソース

材料（作りやすい分量）
トマト、ピーマン　各1個
玉ねぎ　1/4個

A
レモン汁　大さじ1/2
オリーブオイル　大さじ1と1/2
チリパウダー　小さじ1/3
カイエンヌペッパー、黒こしょう　各適量
塩　小さじ1/2

作り方
トマトは粗みじん切り、ピーマンと玉ねぎはみじん切りにする。すべての材料をボウルに入れ、Aを加えてスプーンで混ぜる。

## ひじき入りそぼろの変わりビビンバ

材料（2人分）
ご飯（炊きたて）　丼2杯分
**ひじき入りそぼろ**　適量
にら　1/2束
卵　2個
チャンジャ　適量
塩、黒こしょう　各適量

作り方
1 にらは塩少々を加えた熱湯で色よくゆで、ざるに上げて自然に冷ます。水気をしぼり、4cm長さに切る。
2 卵は半熟の目玉焼きにし、塩、こしょうをふる。
3 丼にご飯を盛り、ひじき入りそぼろと1のにらをのせる。2の目玉焼きを上にのせて、チャンジャを添える。

### ひじき入りそぼろ

材料（作りやすい分量）
合いびき肉　200g
長ひじき（乾燥）　10g
パプリカ　1/2個
長ねぎ　15cm
A にんにく（すりおろす）　1片
酒、コチュジャン　各大さじ1
みそ　大さじ1と1/2
きび砂糖　小さじ1
しょうゆ　小さじ2
ごま油　大さじ1/2
黒こしょう　適量

作り方
1 ひじきはたっぷりの水に30分ほど浸けてもどし、水気を切って4cm長さに切る。パプリカは縦半分に切ってから斜め細切り、長ねぎは粗みじん切りにする。Aはよく混ぜ合わせておく。
2 フライパンにごま油を強火で熱し、パプリカとひじきを炒める。油がまわったらひき肉を加え、ポロポロになるまでよく炒め合わせる。
3 1の長ねぎとAを加え、汁気がなくなるまでいりつけ、こしょうをひく。
◎なすと合わせて炒め物にしてもおいしいです。
◎冷蔵庫で5日間ほど保存可。

# エスニックそぼろどん

材料（2人分）
ご飯（炊きたて）　丼２杯分
**エスニックそぼろ**　適量
玉ねぎ　1/2 個
香菜、ミント　各適量
レモン　1/4 個

作り方
1　玉ねぎは薄切りにして水にさらし、水気を切る。
2　丼にご飯を盛り、エスニックそぼろをのせる。玉ねぎ、刻んだ香菜とミントを添え、レモンをしぼって食べる。

## エスニックそぼろ

材料（作りやすい分量）
合いびき肉　200g
にんにく（大）（みじん切り）　１片
サラダ油　小さじ２
カレー粉　小さじ１

A｜豆板醤　小さじ 1/2
｜酒、ナンプラー　各大さじ１
｜きび砂糖　小さじ２

黒こしょう　適量

作り方
1　フライパンにサラダ油を強火で熱し、にんにくを炒める。香りが立ったらひき肉を加え、ほぐしながら炒める。ポロポロになってきたらカレー粉を加え、軽く炒め合わせる。
2　A を加え、汁気がなくなるまでいりつけ、こしょうをたっぷりひく。
◎冷蔵庫で５日間ほど保存可。

## 三色そぼろどん

材料（2人分）
ご飯（炊きたて） 丼2杯分
**鶏そぼろ** 適量

◎いり卵
卵　2個
きび砂糖　大さじ1
塩　ひとつまみ
ごま油　少々

いんげん　5〜6本
紅しょうが　適量

作り方
1 いり卵を作る（P64）。いんげんは筋を取り、熱湯で色よくゆでる。氷水にとって色どめをし、ざるに上げて斜め切りにする。
2 丼にご飯を盛り、鶏そぼろと1を彩りよくのせて、紅しょうがを添える。

### 鶏そぼろ

材料（作りやすい分量）
鶏ひき肉（もも） 200g

A 酒　大さじ3
しょうゆ、みりん　各大さじ2
きび砂糖　大さじ1と1/2

しょうが（すりおろす） 1片

a

作り方
1 小鍋にAを合わせ入れ、強火にかける。ひと煮立ちしたらひき肉を加え、菜箸でほぐしながら中火で煮る。アクが出てきたらすくい、ホロホロになるまでいりつける。
2 煮汁が少し残るくらいのところで（a）しょうがを加えて火を止め、しっとりと仕上げる。
◎冷蔵庫で5日間ほど保存可。

## いわしのかば焼きどん

材料（2人分）
ご飯（炊きたて）　丼２杯分
いわし　４尾

A
- 酒　大さじ１と1/2
- みりん　大さじ１と1/2
- きび砂糖　小さじ２
- しょうゆ　大さじ１と1/2

薄力粉、片栗粉　各適量
ごま油　大さじ１と1/2
粉山椒　適量

作り方

1. いわしは頭を切り落とし、ワタを取りのぞく。親指を中骨に沿わせながら手開きにする。中骨と尾をはずして流水で洗い、キッチンペーパーなどで水気をよくふき取る。
2. 薄力粉と片栗粉を半量ずつ合わせ、１のいわしにまぶしつける。
3. フライパンにごま油を強火で熱し、いわしの腹目を下にして並べ入れる。焼き目がついたら返し、皮目も焼く。中まで火が通ったらAを合わせ入れ、とろみがつくまで煮からめる。
4. 丼にご飯を盛り、３をのせて粉山椒をふる。

## まぐろのヅケどん

材料（2人分）
ご飯（炊きたて）
　丼２杯分
まぐろ（刺身用）
　１サク（約150g）
長ねぎ（白い部分）
　5cm
**ヅケのタレ**　大さじ４
焼きのり　適量
わさび　適量

作り方

1 まぐろは1cm厚さに切ってボウルに入れ、ヅケのタレをからめて冷蔵庫で30分ほどなじませる。
2 ねぎは白髪ねぎにし、水にさらして軽くもみ、水気を切る。
3 丼にご飯を盛り、のりをちぎってちらす。**1**をヅケのタレごとのせ、**2**とわさびを添える。

**ヅケのタレ（赤身用）**

材料（作りやすい分量）

A｜酒　大さじ６
｜みりん　大さじ１
｜しょうゆ　大さじ４

ごま油　小さじ２
わさび　適量

作り方
小鍋にAを合わせ入れ、中火にかける。ひと煮立ちしたら火を止め、粗熱が取れたらごま油とわさびを加え混ぜる。
◎すぐに使う場合は、氷水にあてて粗熱を取ってください。
◎冷蔵庫で２週間ほど保存可。

## カツオのヅケどん

材料（2人分）
ご飯（炊きたて）　丼2杯分
カツオ（刺身用）
　1/2サク（約150g）

A
しょうゆ　大さじ1と1/2
にんにく（すりおろす）
　1/2片
しょうが（すりおろす）
　1片
ごま油　小さじ2

きゅうり　1本

◎薬味
みょうが　1個
青じそ　5枚
万能ねぎ　2本

白ごま　大さじ1
切りのり　適量

作り方

1 きゅうりは5mm厚さの輪切りにして塩ひとつまみ（分量外）をふり、15分ほどおいて軽くもみ、水気をしぼる。みょうがは縦半分にしてから薄切り、青じそはせん切り、万能ねぎは小口切りにして、ざっと合わせておく。

2 カツオは1cm厚さに切る。ボウルにAを合わせ入れ、カツオを加えてからませ、冷蔵庫で10分ほどおいてなじませる（長時間おくと黒っぽくなるので注意）。

3 ご飯に1のきゅうりと薬味、ごまを加えてざっくり混ぜる。丼に盛り、2をタレごとのせて切りのりを添える。

## サーモンと帆立のヅケどん

材料（2人分）
ご飯（炊きたて）　丼2杯分
サーモン（刺身用）
　100g
帆立（刺身用）　100g

**ヅケのタレ**（P64）
　大さじ2と1/2

◎薬味
青じそ　5枚
みょうが　1個
貝割れ大根　1/2パック

焼きのり　1/2枚

作り方

1 サーモンは5mm厚さに、帆立は1個を3枚くらいのそぎ切りにしてボウルに入れる。ヅケのタレを加えてからめ、冷蔵庫に20分ほどおいてなじませる。

2 青じそはせん切り、みょうがは縦半分にしてから斜め薄切り、貝割れ大根は根元を切り落として3等分の長さに切る。

3 丼にご飯を盛り、ちぎったのりを敷いて**1**をヅケのタレごとのせる。**2**の薬味をふんわりと合わせてあしらう。

## カツオのなめろうどん

材料（2人分）
ご飯（炊きたて）　丼2杯分
カツオ（刺身用）　1/2サク（約150g）

◎薬味
しょうが　1片
にんにく　1/2片
みょうが　1個
青じそ　5枚

みそ　大さじ1と1/2
焼きのり　適量
しょうゆ　少々

作り方

1 カツオはひと口大に切ってから包丁で粗めにたたく。しょうがとにんにくはみじん切り、みょうがと青じそは粗みじん切りにする。
2 まな板に**1**のカツオと薬味、みそをのせ、包丁でたたき混ぜる。
3 丼にご飯を盛り、**2**をこんもりとのせる。ちぎったのりをちらし、しょうゆを落として食べる。

## まぐろの中落ちユッケ風どん

材料（2人分）
ご飯（炊きたて）　丼2杯分
まぐろの中落ち（ねぎトロ用）　150g
**コチュジャンみそ**（P91）　大さじ2
青じそ　4枚
卵黄　2個分
しょうゆ　少々
万能ねぎ　適量
焼きのり　2枚

作り方

1 まぐろをボウルに入れ、コチュジャンみそを加えてざっくり混ぜる（ところどころにムラがあるくらいでよい）。
2 丼にご飯を盛り、青じそを2枚ずつ敷いて**1**をこんもりとのせる。中央をへこませて卵黄を落とし、しょうゆをまわしかけて小口切りにした万能ねぎをちらす。
3 食べやすい大きさに切った焼きのりにのせて、巻きながら食べる。

## 海鮮ビビンバ

材料（2人分）
ご飯（炊きたて）　丼2杯分
帆立（刺身用）　80g
まぐろの中落ち（ねぎトロ用）　80g

◎韓国ダレ
にんにく（すりおろす）　1/2片
しょうゆ、コチュジャン　各小さじ2
ごま油　小さじ1

菜の花　1/2束

A
塩　小さじ1/4
黒こしょう　適量
ごま油　小さじ1
白ごま（半ずり）　大さじ1

青じそ　5枚
焼きのり　1/2枚
温泉卵　2個
しょうゆ　少々

作り方

1 ボウルに韓国ダレの材料を合わせ入れ、十文字に切った帆立とまぐろを加えてからめる。

2 菜の花は塩少々（分量外）を加えた湯で色よくゆで、粗熱が取れたら水気をしぼって4cm長さに切る。別のボウルにAを合わせ入れ、菜の花を加えて和える。

3 丼にご飯を盛り、1と2を彩りよくのせ、せん切りにした青じそとちぎったのりを添える。温泉卵を真ん中にのせ、半分に割ってしょうゆを落とす。

## 韓国風海鮮どん

材料（2人分）
ご飯（炊きたて）　丼2杯分
刺身盛り合わせ　1パック

A
**コチュジャンみそ**　大さじ2
しょうゆ　小さじ2
ごま油　小さじ1
白ごま（半ずり）　大さじ1

◎薬味
貝割れ大根　1パック
青じそ　5枚

白菜キムチ　適量

作り方
1 ボウルにAを合わせ入れ、刺身を加えてからめる。
2 貝割れ大根は根元を切り落として3cm長さに、青じそは細切りにし、合わせておく。
3 丼にご飯を盛り、2の薬味を敷いて1をのせ、キムチを添える。
◎刺身の盛り合わせは、まぐろ・カンパチ・サーモン各3切れ、甘えび6尾を使用しました。

### コチュジャンみそ

材料（作りやすい分量）
にんにく（すりおろす）　1片
コチュジャン、みそ　各大さじ2
酒　大さじ1
ごま油　大さじ1

作り方
すべての材料をよく混ぜ合わせる。
◎冷蔵庫で1ヶ月間ほど保存可。

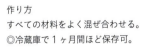

## ポキどん

材料（2人分）
ご飯（炊きたて）　丼2杯分
まぐろ赤身（刺身用）　1サク（約100g）
サーモン（刺身用）　1サク（約100g）
玉ねぎ　1/4個
万能ねぎ　2本
アボカド　1/2個
青じそ　4枚

A
しょうゆ　大さじ1
ごま油　小さじ2
わさび　小さじ1/4
カイエンヌペッパー　適量
白ごま　大さじ1

◎辛子マヨネーズ
マヨネーズ　大さじ2
練り辛子　小さじ1/2

作り方
1 まぐろとサーモンは2cm角に切る。玉ねぎは細かめのみじん切り、万能ねぎは小口切りにする。
2 ボウルにAを合わせ入れ、まぐろとサーモンを加えてざっとからませ、冷蔵庫で15分ほどなじませる。
3 アボカドは乱切り、青じそはおおまかにちぎる。
4 2に3のアボカドを加えてざっとからめる。
5 丼にご飯を盛り、3の青じそを敷く。4をこんもりとのせ、混ぜ合わせた辛子マヨネーズを添える。

## 豚とゴーヤーの黒酢炒めどん

材料（2人分）
ご飯（炊きたて）　丼2杯分
豚バラ薄切り肉　100g

◎下味
にんにく（すりおろす）　1/2片
酒　大さじ1/2
ごま油　小さじ2
塩、黒こしょう　各適量

ゴーヤー　8cm
トマト　1個
豆板醤　小さじ1/2

A
黒酢　大さじ1
オイスターソース　大さじ1と1/2
鶏ガラスープの素　小さじ1
しょうゆ、きび砂糖　各小さじ1
水　3/4カップ

片栗粉　大さじ2/3強
（倍量の水で溶く）

作り方

1 豚肉は4cm幅に切って下味の材料をもみこんでおく。ゴーヤーは半分に切って種とワタを取りのぞき、5mm幅に切る。トマトは乱切りにする。
2 フライパンを強火にかけ、油をひかずに豚肉を炒める。肉の色が変わってきたら豆板醤を加え、軽くいりつける。
3 2にゴーヤーを加えて炒め合わせ、油がまわったらAを加える。煮立ったらトマトも加え、水溶き片栗粉を少しずつ加えてとろみをつける。
4 丼にご飯を盛り、3をかける。

## かき揚げどん

材料（2人分）
ご飯(炊きたて)　丼2杯分
帆立（刺身用）　100g
玉ねぎ　1/2個
にんじん　1/4本
三つ葉　1/2株
卵　1/2個
薄力粉　1/2カップ

A｜酒　大さじ2
｜しょうゆ、みりん
｜　各大さじ1と1/2
｜きび砂糖　大さじ1/2
｜水　大さじ1

かつおぶし
　軽くひとつかみ
揚げ油　適量

作り方
1 小鍋にAを入れ、火にかける。煮立ったらかつおぶしを加え、再び煮立ったら弱火にして5分ほど煮、ざるで濾《こ》す。
2 帆立は十文字に切り、キッチンペーパーで軽く押さえて水気を取りのぞく。玉ねぎは1cm厚さに切ってバラバラにほぐす。にんじんは細切り、三つ葉は1cm長さに切る。
3 ボウルに2を合わせ入れ、薄力粉を分量の中から少し取り分け、軽くまぶしておく。
4 別のボウルに溶きほぐした卵と冷水1/2カップを入れ、残りの薄力粉を加えてさっくり混ぜる。3を加えてざっと混ぜる。
5 揚げ油を180℃に熱し、4の1/4量をお玉にのせ、そっと滑らせるように油の中に入れ、ひと呼吸おいてから菜箸でひとつにまとめる。2〜3回返しながらカリッと揚げる。
6 丼にご飯を盛り、5をのせて1を適量かける。

### かき揚げが残ったら…

材料と作り方（1人分）
1 小鍋にしょうゆ、きび砂糖各大さじ1/2、水大さじ1を合わせ入れ、火にかける。煮立ったらかき揚げ2個を加え、煮汁を吸ってくったりするまで煮る。
2 弁当箱にご飯を詰め、1をのせてしば漬けを添える。

## くずし豆腐のあんかけどん

材料（2人分）
ご飯（炊きたて）　丼2杯分
木綿豆腐　1丁

A｜だし汁　1カップ
｜酒、みりん　各大さじ1
｜しょうゆ　大さじ1と1/2

片栗粉　大さじ1強（倍量の水で溶く）
万能ねぎ　適量
しょうが（すりおろす）　1片

作り方
1　鍋にAを合わせ入れ、火にかける。煮立ったら豆腐を大きくくずしながら加え、煮る。
2　1の豆腐が温まったら水溶き片栗粉を少しずつ加えながら混ぜ、とろみをつける。
3　丼にご飯を盛り、2をかける。小口切りにした万能ねぎをちらして、しょうがを添える。

## ちくわのかば焼きどん

材料（2人分）
ご飯（炊きたて）　丼2杯分
ちくわ　4本

A｜酒、みりん　各大さじ1
｜きび砂糖　小さじ2
｜しょうゆ　大さじ1と1/2

ごま油　大さじ1/2
キャベツ（せん切り）　適量
マヨネーズ、粉山椒　各適量

作り方
1　ちくわは縦半分に切る。
2　フライパンにごま油を強火で熱し、ちくわを並べ入れる。両面に香ばしい焼き目がつくまで焼き、一度火を止めて、合わせたAを加える。再び強火にかけ、とろみが出るまで煮からめる。
3　丼にご飯を盛ってキャベツを添え、2のちくわを並べてタレをかける。マヨネーズをしぼって粉山椒をふりかける。

## はんぺんとたらこのふわふわ卵どんぶり

材料（2人分）
ご飯（炊きたて）　丼2杯分
はんぺん（大）　1/2枚
たらこ　1/2腹
卵　4個

A
牛乳　大さじ2
きび砂糖　大さじ1

バター　15g
溶けるチーズ　30g
青じそ　4枚
しょうゆ　適量

作り方

1 はんぺんは手でひと口大にちぎり、たらこは1cm幅のぶつ切りにする。

2 ボウルに卵を溶きほぐし、Aを加える。よく混ぜてから1を加え、軽く混ぜる。

3 フライパンにバターを強火で熱し、溶けてきたら2を流し入れ、菜箸で大きく混ぜる。全体がとろりとかたまりはじめたらチーズを加えて包み込むようにふんわりまとめる。火を止め、へらで半分に切る。

4 丼にご飯を盛り、3をのせる。せん切りにした青じそをあしらい、しょうゆを落とす。

## ふんわりいり卵のきのこあんかけどん

材料（2人分）
ご飯（炊きたて）　丼2杯分
しいたけ　3枚
しめじ　1パック（約100g）

◎ふんわりいり卵
卵　3個
きび砂糖　小さじ2
塩　ひとつまみ
ごま油　小さじ2

◎あん
だし汁　1カップ
酒　大さじ1
しょうゆ　大さじ1と1/2
みりん　大さじ1と1/2

片栗粉　大さじ1強（倍量の水で溶く）
三つ葉　適量

作り方

1 しいたけは石づきを切り落とし、かさは厚切り、軸はさく。しめじも石づきを切り落とし、バラバラにほぐす。

2 ボウルに卵を溶きほぐし、砂糖と塩を加え混ぜる。フライパンにごま油を強火で熱し、卵液を流し入れる。菜箸で大きくかき混ぜ、ふんわりいり卵を作る。

3 鍋にあんの材料を合わせ入れ、強火にかける。煮立ったら**1**のきのこ類を加えて中火で煮る。途中、出てきたアクはすくう。きのこに火が通ったら水溶き片栗粉を少しずつ加えながら混ぜ、とろみをつける。

4 丼にご飯を盛って**2**をのせ、**3**をかける。1cm長さのざく切りにした三つ葉をのせる。
◎お好みで七味唐辛子をふってどうぞ。

## コロッケの卵とじどん

材料（2人分）
ご飯（炊きたて）　丼2杯分
コロッケ（市販）　2個
玉ねぎ　1/2個
卵　2個

A
だし汁　1/2カップ
しょうゆ　大さじ2
みりん　大さじ2
酒　大さじ1
きび砂糖　小さじ2

紅しょうが　適量

作り方

1 玉ねぎは薄切りにする。卵は溶きほぐす。
2 鍋にAを合わせ入れ、火にかける。煮立ったら玉ねぎを加え、しんなりするまで煮る。
3 2にコロッケを加え、煮汁が両面にしみるよう返しながら煮る。1の溶き卵をまわし入れ、半熟に火を通す。
4 丼にご飯を盛り、3を煮汁ごとのせて紅しょうがを添える。

## 焼きなすの豆腐和えのせ

材料（2人分）
ご飯（炊きたて）
　小丼２杯分
なす　２本
木綿豆腐　1/2 丁
青じそ　２枚
みょうが　１個

A｜塩　小さじ 1/2
｜黒こしょう　適量
｜ごま油　大さじ１

◎しょうがじょうゆ
しょうが（すりおろす）
　1/2 片
しょうゆ　小さじ２

作り方

1　豆腐はキッチンペーパーに包んで５分ほどおき、軽く水切りする。青じそはせん切り、みょうがは縦半分に切ってから薄切りにする。

2　焼き網をコンロにのせ、なすを並べて強火にかける。皮が黒くなってやわらかくなるまで全面を焼く。なすが熱いうちに皮をむき、手でさく。

3　ボウルに A を合わせ入れ、2 を加えてからめる。1 の豆腐をくずしながら加え、青じそとみょうがも入れてざっくり混ぜる。

4　小丼にご飯を盛って 3 をこんもりとのせ、しょうがじょうゆをかける。

## わさび入りおろし

材料（2人分）
ご飯（炊きたて）　小丼2杯分
大根（すりおろす）　5cm
わさび　適量
貝割れ大根　1/3パック
塩昆布　8枚
しょうゆ　適量

作り方
1 大根おろしはざるに上げ、水気を切って好みの量のわさびを加え混ぜる。貝割れ大根は根元を切り落として2cm長さに切る。
2 小丼にご飯を盛り、貝割れ大根をちらして塩昆布をのせる。1の大根おろしをこんもりとのせ、しょうゆをかける。

## 甘辛ちく卵

材料（2人分）
ご飯（炊きたて）　小丼2杯分
ちくわ　2本
卵　2個

A | 牛乳、きび砂糖　各大さじ1
　| 塩　ひとつまみ

サラダ油　小さじ1
バター　10g
しょうゆ　適量

作り方
1 ちくわは5mm幅の輪切りにする。ボウルに卵を溶きほぐし、Aを加えてよく混ぜる。
2 フライパンにサラダ油を強火で熱し、1のちくわを炒める。ところどころ焼き目がついたらバターを加え、溶け始めたところに1の卵液を流し入れる。すぐに菜箸で大きく混ぜ、フライパンを火から離し、ざっと混ぜてふんわりとしたいり卵を作る。
3 小丼にご飯を盛って2をのせ、しょうゆを落とす。
◎焼きのりをちぎってのせてもよく合います。

## ふわふわとろろ納豆

材料（2人分）
ご飯（炊きたて）　小丼2杯分
納豆　1パック
タレと辛子（添付のもの）
オクラ　10本
長いも（すりおろす）　5cm
万能ねぎ、削りがつお　各適量
卵黄　2個
しょうゆ　適量

作り方

1 納豆は器に入れ、タレと辛子を加えてよく混ぜる。
2 オクラはヘタを落としてガクのまわりの黒いところをくるりとむき、色よくゆでる。冷水にとって水気を切り、5mm幅に切る。万能ねぎは小口切りにする。
3 **1**に**2**と長いも、削りがつおを加え混ぜる。
4 小丼にご飯を盛って**3**をのせ、真ん中をへこませて卵黄を落とし、しょうゆをまわしかける。

## いり豆腐としらすのせ

材料（2人分）
ご飯（炊きたて）　小丼2杯分
木綿豆腐　1/2丁
卵　2個

A きび砂糖　大さじ2と1/2
塩　ひとつまみ

しらすぼし　大さじ3
ごま油　適量

作り方

1 豆腐はキッチンペーパーに包み、20分ほどおいて軽く水切りする。
2 ボウルに卵を溶きほぐし、**A**を加え混ぜる。
3 小鍋にごま油を薄くぬって中火で熱し、**1**の豆腐をくずしながら入れる。菜箸で細かくほぐし、チリチリしてきたら**2**を加える。時々火から離して火加減を調節しながら、菜箸4～5本で汁気がとぶまでふんわりといりつける。
4 小丼にご飯を盛り、**3**のいり豆腐としらすをのせる。

## サーディンと焼きトマトのせ

材料（2人分）
ご飯(炊きたて)　小丼２杯分
オイルサーディン　１缶
トマト　１個
万能ねぎ　適量
大根（すりおろす）　5cm
にんにく（薄切り）　１片
オリーブオイル　大さじ 1/2
しょうゆ　大さじ１
塩、黒こしょう　各適量

作り方

1 トマトは 1cm 厚さの輪切りに、万能ねぎは小口切りにする。大根おろしはざるに上げて水気を切る。ご飯は小丼に盛っておく。

2 フライパンにオリーブオイルを中火で熱し、にんにくを炒める。香りが立ってきたら強火にしてトマトを加え、軽く両面を焼く。塩、こしょうをして **1** のご飯の上に並べる。一度火を止め、身がくずれないようにサーディンを並べ入れ、缶に残ったオイルも加えて強火にかける。ジリジリと片面だけ焼き、温まってきたらしょうゆをまわしかけて、すぐに火を止める。

3 **2** のトマトの上に焼きたてのサーディンと大根おろしを順にのせる。サーディンの焼き汁をにんにくごとまわしかけ、こしょうをひいて万能ねぎをちらす。

# 第5章　盛り合わせごはん

## バターごはんいろいろ

白いご飯もいいけれど、バターごはんを炊いておかずを盛り合わせると、そのひと皿だけで、十分に満足できるごちそうになります。

基本のバターごはんのレシピを覚えておけば、雑穀やゆで大豆を炊き込んだり、ねぎやスパイスを炊き込んだり、いろいろに活用できます。

## 基本のバターごはん

材料（3～4人分）
米　2合
チキンスープの素（刻む）　½個
バター　10g
ローリエ　1枚
塩、黒こしょう　各適量

作り方

**1** 米はとぎ、いつもの水加減にする。

**2** チキンスープの素と塩ふたつまみを加えてざっと混ぜ、30分ほど浸水させる。

**3** ひと混ぜして平らにならし、バターとローリエをのせて炊く。

**4** 炊き上がったら10分ほど蒸らし、ざっくり混ぜてこしょうをひく。

◎雑穀バターごはんは、作り方**1**で雑穀ミックス大さじ2と水大さじ2を加えてください。

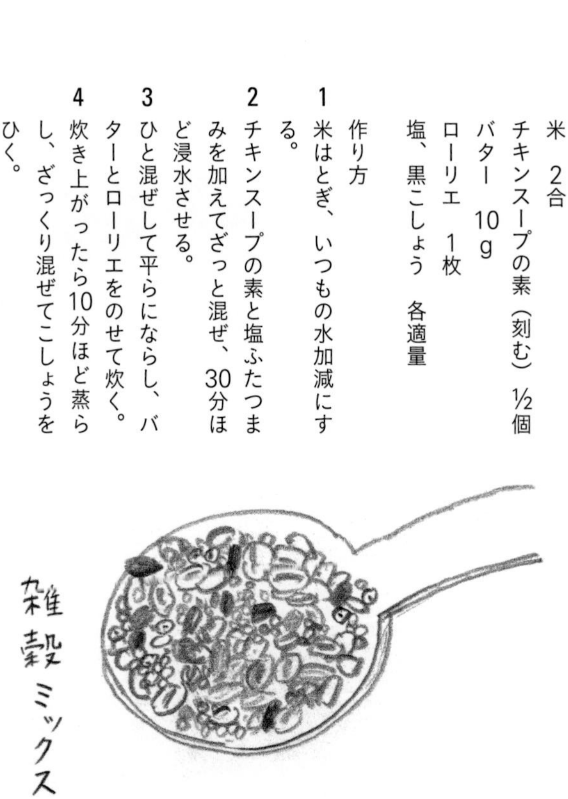

# 黄色いごはん2種

## サフラン入り黄色いごはん

材料（3〜4人分）
米　2合
サフラン　ひとつまみ
ターメリック　小さじ½
バター　10g
ローリエ　1枚
塩、黒こしょう　各適量

作り方

**1** サフランは小さな器に入れ、熱湯を大さじ2ほど注いでラップをかぶせる。15分ほどおいて色と香りを引き出す（P48・a）。

**2** 米はとぎ、**1**のサフランをもどし汁ごと加え、いつもの水加減にする。ターメリックと塩ふたつまみを加えてよく混ぜ、30分ほど浸水させる。

**3** ひと混ぜして平らにならし、バターとローリエをのせて炊く。

**4** 炊き上がったら10分ほど蒸らし、ざっくり混ぜてこしょうをひく。

## ココナッツ風味の黄色いごはん

材料（3〜4人分）
米　2合
ココナッツミルク　¼カップ
ターメリック　小さじ1
ローリエ　1枚
塩、黒こしょう　各適量

作り方

**1** 米はとぎ、ココナッツミルクを加えていつもの水加減にする。ターメリックと塩ふたつまみを加えてよく混ぜ、30分ほど浸水させる。

**2** ひと混ぜして平らにならし、ローリエをのせて炊く。

**3** 炊き上がったら10分ほど蒸らし、ざっくり混ぜてこしょうをひく。

## パプリカチキン＆サフラン入り黄色いごはん

材料（2人分）
鶏もも肉　1枚（約250g）
にんにく（みじん切り）　1片
玉ねぎ（みじん切り）　1/2個
パプリカ（粉末）　大さじ1
オリーブオイル　大さじ1
バター　10g
白ワイン　1/4カップ

A
チキンスープの素（刻む）　1/2個
**トマトソース**　1/2カップ
ローリエ　1枚
塩　ひとつまみ
水　1/2カップ

**サフラン入り黄色いごはん**（P105）
茶碗2杯分
サワークリーム　適量
ディル、パセリ　各適量
塩、黒こしょう　各適量

### トマトソース

材料（作りやすい分量）
トマト水煮　1缶（約400g）
にんにく（薄切り）　1片
オリーブオイル　大さじ3
塩　小さじ1/2
黒こしょう　適量

作り方

1 トマトの水煮はボウルにあけ、手でくずす。
2 厚手の鍋ににんにくとオリーブオイルを入れ、弱火で炒める。香りが立ってきたら1と塩を加え、木べらでよく混ぜてオイルとトマトをなじませる。ふたをして時々混ぜながら20～30分ほど煮る。半量くらいになり、ぽってりとしてきたら黒こしょうをひく。
◎冷蔵庫で5日間ほど保存可。

作り方

1 鶏肉は6等分に切り、塩、こしょうで軽く下味をつける。
2 厚手の鍋にオリーブオイルを強火で熱し、1を皮目から並べ入れる。両面に焼き色がついたら（表面だけでよい）一度取り出す。
3 2の鍋にバターを加え、弱火でにんにくを炒める。香りが立ってきたら玉ねぎを加え、強火にして炒め合わせる。油がまわったらふたをして弱めの中火にする。時々へらで混ぜ、再びふたをして蒸らしながら甘みが出るようによく炒める。
4 玉ねぎが黄色っぽくなったら2の鶏肉を戻し入れ、強火にしてざっと合わせ、火を止める。パプリカを加え混ぜ、なじませる。
5 再び4を強火にかけ、白ワインを加える。アルコール分がとんだらAを加え、煮立ったら弱火にしてふたをし、煮汁にとろみがつくまで時々混ぜながら30～40分ほど煮込む。
6 器にサフラン入り黄色いごはんと5を盛り合わせる。サワークリームを添え、刻んだディルとパセリを合わせてちらし、こしょうをひく。

## ロシア風ハンバーグ＆雑穀バターごはん

材料（2人分）

合びき肉　200g

A
- 玉ねぎ（みじん切り）　1/4個
- パン粉　大さじ3
- プレーンヨーグルト　大さじ1と1/2
- ディル（刻む）　1枝分
- クミンシード　小さじ1/3
- 塩　小さじ1/4
- 黒こしょう　適量

ゆで卵　1個

オリーブオイル　大さじ1/2

B
- 酒　大さじ2
- しょうゆ　大さじ1

バター　10g

ディル、パセリ、黒こしょう　各適量

**雑穀バターごはん**（P104）
　茶碗2杯分

作り方

1 ボウルにひき肉とAを入れ、粘りが出るまでよく練り混ぜる。手の平にオリーブオイル（分量外）を薄くぬり、肉だねを2等分してそれぞれ軽く平らにならし、縦4等分に切ったゆで卵を2切れずつのせる。肉だねでゆで卵を包むようにし(a)、丸くまとめる。

2 フライパンにオリーブオイルを強火で熱し、1を並べ入れる。表面に焼き色がついたら返し、ふたをして弱火で蒸し焼きにする。竹串をさして透明な肉汁が出てきたら取り出す。

3 器に雑穀バターごはんを盛り、2をのせる。

4 2のフライパンに残った焼き汁を半分ほどふき取り、Bを加えて強火にかける。半量くらいになるまで煮詰め、風味づけのバターを加えて溶かし混ぜ、こしょうをひく。

5 3に刻んだディルとパセリをちらし、4のソースをまわしかける。

a

## アジアン肉だんご＆ココナッツ風味の黄色いごはん

材料（2人分）
豚ひき肉　150g

A
- むきえび（粗みじん切り）　50g
- 玉ねぎ（みじん切り）　1/4個
- 卵黄　1個分
- ナンプラー　大さじ1/2
- 薄力粉　大さじ2
- 塩、黒こしょう　各適量

サラダ油　小さじ1

◎サラダ
- ミニトマト　5個
- キャベツ　1/8個
- 香菜　適量
- 青じそ　5枚

**スイートチリソース**
（P68）　適量
**ココナッツ風味の黄色いごはん**
（P105）　茶碗2杯分

作り方

1 ボウルにひき肉とAを入れ、粘りが出るまでよく練り混ぜる。手の平にサラダ油（分量外）を薄くぬり、肉だねを6等分して細長いだんご状に丸める。

2 ミニトマトは半分、キャベツはせん切り、香菜は1cm長さのざく切り、青じそはおおまかにちぎって、すべて合わせておく。

3 フライパンにサラダ油を強火で熱し、1を並べ入れる。転がしながら焼き、表面に焼き色がついたら、ふたをして弱火で蒸し焼きにする。竹串をさして透明な肉汁が出てきたら取り出す。

4 器にココナッツ風味の黄色いごはんを盛り、2のサラダと3を盛り合わせ、スイートチリソースをまわしかける。

## ベトナム風しょうが焼き＆
## 空豆のバターごはん

材料（2人分）
豚しょうが焼き用肉　200g

◎下味
にんにく（すりおろす）　1片
しょうが（すりおろす）　適量
ごま油　小さじ2
塩、黒こしょう　各少々

A
酒　大さじ1
ナンプラー　大さじ1
きび砂糖　小さじ2
しょうゆ　小さじ1/2

**空豆のバターごはん**　茶碗2杯分
すだち、ミント　各適量

作り方

1 ボウルに豚肉と下味の材料を入れ、もみこむ。
2 フライパンを強火にかけ、油をひかずに**1**の肉を広げ、焼きつける。しばらく放っておき、焼き目がついたら返して、裏面も軽く焼く。
3 **2**に**A**を合わせ入れ、とろみがつくまで強火で煮からめる。
4 器に空豆のバターごはんと**3**を焼き汁ごと盛り合わせる。バターごはんのほうにちぎったミントをちらし、すだちを添える。

### 空豆のバターごはん

材料（4人分）
米　2合
空豆　15粒
チキンスープの素（刻む）　1/2個
バター　20g
ローリエ　1枚
塩、黒こしょう　各適量

作り方

1 P104を参照に「基本のバターごはん」を炊く。
2 空豆は薄皮をむき、半分に割る（P22・a）。塩少々を加えた湯でかためにゆで、ざるに上げる。
3 **1**が炊き上がったら7分ほど蒸らして**2**をのせ、さらに3分ほど蒸らす。さっくり混ぜて塩、こしょうで味をととのえる。

# 鶏と大根のクリーム煮＆大根葉入りバターごはん

材料（2人分）
鶏もも肉　1枚（約250g）

◎下味
にんにく（すりおろす）　1/2片
オリーブオイル　小さじ2
塩、黒こしょう　各適量

大根　6cm

A
チキンスープの素（刻む）　1/4個
バター　10g
ローリエ　1枚
塩　ひとつまみ
水　1カップ

生クリーム　1/2カップ
粒マスタード　大さじ1
塩、黒こしょう　各適量
**大根葉入りバターごはん**　全量

作り方

1 鶏肉は8等分に切って、下味の材料をもみこむ。
2 大根は2cm厚さの輪切りにしてから3等分の棒状に切って皮をむき、面取りする。小鍋に入れてAを加え、ふたをして強火にかける。煮立ったら弱火にし、大根がやわらかくなるまで15分ほど煮、そのまま煮汁に浸しておく。
3 フライパンを強火にかけ、油をひかずに**1**の鶏肉を皮目を下にして並べ入れる。焼き色がついたら返し、一度火を止めて、**2**の大根と煮汁大さじ3を加えてふたをし、弱火で蒸し焼きにする。
4 **3**の鶏肉に竹串をさし、透明な肉汁が出てきたら生クリームを加え、中火で煮からめる。軽くとろみが出てきたら粒マスタードを加え混ぜ、塩、こしょうで味をととのえる。
5 器に大根葉入りバターごはんと**4**を盛り合わせる。

◎粒マスタードの代わりに柚子こしょう小さじ2を加えても、とてもおいしくできます。

### 大根葉入りバターごはん

材料
大根葉（小口切り）　大さじ2
塩　ひとつまみ
**基本のバターごはん**（P104）　茶碗2杯分
黒こしょう　適量

作り方

1 大根葉に塩をまぶし、しばらくおく。出てきた水気はしぼる。
2 ボウルに「基本のバターごはん」を入れ、**1**を加えてさっくり混ぜ、こしょうをひく。

# 第6章　玄米ごはん

## 玄米の炊き方

1 玄米2合はざっと洗ってざるに上げ、水気を切って圧力鍋にあける。玄米の2～3割増しの水を加え、2時間以上おく（夏場は1時間）。

2 ふたをして強火にかけ、圧力がかかったら弱火にして16分炊く。

3 火を止めてそのまま蒸らし、蒸気が完全にぬけたら炊き上がり。
◎炊き時間は、圧力鍋のメーカーによって違います。

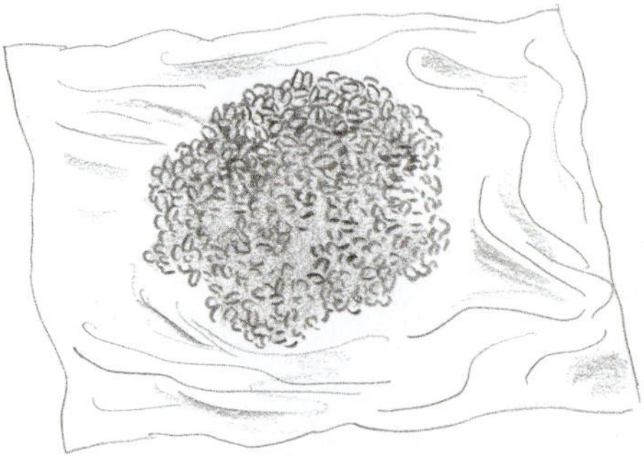

残った玄米ご飯は…
熱いうちにラップに包み、粗熱が取れたら冷凍庫で保存。

# ［玄米ごはんを使って］

## 小松菜とベーコンの玄米チャーハン

材料（2人分）
小松菜　2株
ベーコン　2枚
にんにく　1片
ごま油　大さじ1
玄米ご飯　茶碗2杯分
バター　10g
しょうゆ、塩、黒こしょう　各適量

作り方

1 小松菜は3～4cm長さのざく切り、ベーコンは2cm幅、にんにくは薄切りにする。
2 フライパンにごま油を中火で熱し、にんにくを炒める。色づきはじめたら玄米ご飯を加え、強火にしてよく焼きつける。ご飯に焼き目がついてきたらベーコンを加える。
3 塩で味をととのえ、バターと小松菜を加え、炒め合わせる。こしょうをたっぷりひいて鍋肌からしょうゆをひとまわしし、ざっと炒める。

### 玄米チャーハンの基本

玄米ご飯をチャーハンにするには、必ず温かいものを使うこと。残りご飯を利用する場合には、温め直してから使ってください。冷たいまま炒めはじめると、熱が入るまでにべったりとしてしまいます。とにかくしっかりめに焼きつけ、ご飯自体に香ばしさをつけてから、具や調味料を加えることです。

◎ポイント
玄米ご飯を加えたら、フライパンいっぱいに広げてしばらく放っておき、焼き目がついたら返し、おこげを作るように焼きつけては返し、また焼きつけるを繰り返します。

## 梅にんにく玄米チャーハン

材料（2人分）
梅干し　2個
にんにく　1片
玄米ご飯　茶碗2杯分
ごま油　小さじ2
バター　10g
かつおぶし　軽くひとつかみ
しょうゆ、黒こしょう　各適量

作り方

1 梅干しは種をのぞいて果肉をたたく。にんにくは薄切りにする。
2 フライパンにごま油を中火で熱し、にんにくを炒める。香りが立ってきたら強火にして玄米ご飯を加え、よく焼きつける。ご飯に焼き目がついたら1の梅肉を加え、ご飯に混ぜ込むように炒め合わせる。
3 バターを加え、溶けてきたら鍋肌からしょうゆをひとまわしし、かつおぶしを加えてこしょうをひく。

## ゆかりじゃこ玄米チャーハン

材料（2人分）
ゆかり　大さじ1
ちりめんじゃこ　大さじ2
ごま油　大さじ1
玄米ご飯　茶碗2杯分
卵　2個
しょうゆ　適量
塩、黒こしょう　各適量

作り方

1 フライパンにごま油を強火で熱し、じゃこと玄米ご飯を加え、よく焼きつける。ご飯に焼き目がついてきたらゆかりを加え、まんべんなく混ぜながら炒め合わせる。
2 卵は半熟の目玉焼きにして塩、こしょうをふる。
3 器に1を盛り、2をのせてしょうゆを落とす。

## 柚子こしょう風味の玄米チャーハン

材料（2人分）
ちりめんじゃこ　大さじ3
玄米ご飯　茶碗2杯分
ごま油　大さじ1
柚子こしょう　小さじ1/2
白ごま　大さじ1
ナンプラー　大さじ1/2
香菜　適量
バター　10g

作り方
1 フライパンにごま油を強火で熱し、じゃこをざっと炒める。玄米ご飯を加え、よく焼きつける。ご飯に焼き目がついてきたら柚子こしょうとごまを加え、まんべんなく合わせる。
2 ナンプラーを加え混ぜ、2cm長さのざく切りにした香菜とバターを加えてざっと混ぜる。

## 玄米のピリ辛チキンライス

材料（2人分）
鶏もも肉　1/2枚（約130g）
玉ねぎ　1/2個
ひよこ豆水煮　80g
オリーブオイル　大さじ1
バター　10g
玄米ご飯　茶碗2杯分

A トマトケチャップ　大さじ2
　ナンプラー　小さじ1
　カイエンヌペッパー　適量

ディル、パセリ　各適量
塩、黒こしょう　各適量

作り方

1 鶏肉はひと口大に切って塩、こしょうで下味をつける。玉ねぎはみじん切り、ディルとパセリは粗めに刻んで合わせておく。
2 フライパンにオリーブオイルを強火で熱し、鶏肉を炒める。焼き目がついたら玉ねぎを加え、鶏肉に火が通るまで炒める。
3 2にひよこ豆の水気を切って加え、ざっと炒め合わせる。バターと玄米ご飯を加え、よく焼きつける。ご飯に焼き目がついてきたらAを順に加え、そのつど炒め合わせる。
4 火を止め、ディルとパセリを加えてざっと混ぜ、こしょうをひく。

## 牛こま大豆ピリ辛玄米混ぜごはん

材料（4人分）
牛こま切れ肉　150g

◎下味
にんにく（すりおろす）　1片
塩、黒こしょう　各適量
ごま油　大さじ1/2

にら　1束
青じそ　8枚
大豆の水煮　120g

A 酒　大さじ2
コチュジャン　大さじ1
オイスターソース　大さじ1
しょうゆ　小さじ2

玄米ご飯（炊きたて）
　茶碗4杯分
白菜キムチ、焼きのり 各適量
黒ごま　適量

作り方

1 ボウルに食べやすく切った牛肉を入れ、下味の材料を加えて軽くもむ。にらは2cm長さに、青じそは横半分に切る。
2 フライパンを強火で熱し、油をひかずに牛肉を焼く。色が変わってきたら水気を切った大豆を加え、炒め合わせる。
3 2にAを加えていりつけ、汁気が半分くらい煮詰まったらにらを加えて軽く炒める。
4 大きめのボウルに玄米ご飯を入れ、3を加えてざっくり混ぜる。
5 器に盛り、半ずりにしたごまをたっぷりふる。食べやすい大きさに切ったのり、青じそとキムチを添え、のりに巻きながら食べる。

第7章　残りごはんを使って
［炒めごはん］

## 2種の卵かけごはんチャーハン

### 写真右

材料（1人分）
卵　1個
ご飯（温める）　茶碗1杯分
ナンプラー、コチュジャン、香菜　各適量
白ごま　小さじ1
ごま油　小さじ1

作り方

1 ご飯に卵を割り落とし、ナンプラー、コチュジャン（卵かけごはんの味つけくらいに）、ごまを加えて泡が立つまでよく混ぜる。
2 フライパンにごま油を強火で熱して**1**を入れ、卵で膜を作るようなつもりで炒める。ポロポロになる手前のちょっとしっとりしているくらいで火を止める。
3 器に盛り、刻んだ香菜をのせる。

### 写真左

材料（1人分）
卵　1個
ご飯（温める）　茶碗1杯分
しょうゆ、かつおぶし　各適量
白ごま　小さじ1
ごま油　小さじ1

作り方

1 ご飯に卵を割り落とし、しょうゆ（卵かけごはんの味つけくらいに）とごまを加えて泡が立つまでよく混ぜる。
2 フライパンにごま油を強火で熱して**1**を入れ、卵で膜を作るようなつもりで炒める。ポロポロになる手前のちょっとしっとりしているくらいで火を止める。
3 器に盛り、かつおぶしをのせる。

## ちくわチャーハン

材料（2人分）
ちくわ　3本
万能ねぎ　3本
卵　2個
白ごま　大さじ1
ちりめんじゃこ　大さじ2
ご飯（温める）
　茶碗2杯分
鶏ガラスープの素
　ふたつまみ
しょうゆ　少々
ごま油　適量
黒こしょう　適量

作り方

1 ちくわは5mm幅の輪切りに、万能ねぎは4cm長さに切る。

2 フライパンにごま油大さじ1を強火で熱し、溶きほぐした卵を流し入れる。菜箸でざっと混ぜて半熟にし、いったん取り出す。

3 同じフライパンにごま油小さじ1を熱し、ご飯と鶏ガラスープの素を入れて炒める。ご飯に火が通り、米粒がほぐれてきたらごまとちりめんじゃこを加え、炒め合わせる。

4 ご飯に軽く焼き目がついたらちくわと万能ねぎを加え、2の卵を戻し入れる。ふんわりと炒め合わせ、こしょうをひいてしょうゆを鍋肌からひとまわしする。

## 納豆チャーハン

材料（2人分）
**納豆のみそバター炒め**（P13）　1/2 量
卵　2 個
ごま油　大さじ 1
ご飯（温める）　茶碗 2 杯分
塩　ひとつまみ
しょうゆ　少々
万能ねぎ、黒こしょう　各適量

作り方
1 フライパンにごま油を強火で熱し、溶きほぐした卵を流し入れ、菜箸で大きく混ぜる。半熟になったところをめがけてご飯を加え、炒め合わせる。
2 ご飯に火が通り、米粒がほぐれてきたら納豆のみそバター炒めを加えて炒め合わせ、塩を加えてざっと炒める。こしょうをひき、鍋肌からしょうゆをまわしかける。
3 器に盛り、小口切りにした万能ねぎをちらす。
◎納豆のみそバター炒めが冷たいようなら、軽く温めてから使ってください。

## キムチチャーハン

材料（2人分）
豚こま切れ肉　100g
白菜キムチ　100g
コチュジャン　大さじ 1
ごま油　大さじ 1
卵　2 個
ご飯（温める）　茶碗 2 杯分
黒こしょう　適量

作り方
1 豚肉とキムチはひと口大に切る。卵は半熟の目玉焼きにする。
2 フライパンにごま油を強火で熱し、豚肉を炒める。色が変わってきたらご飯を加え、フライパンを返しながらよく炒め合わせる。
3 ご飯に火が通り、米粒がほぐれてきたらキムチを加え、さらに炒め合わせる。コチュジャンを加え、まんべんなく混ざるまで炒め、こしょうをひく。
4 器に盛り、目玉焼きをのせる。
◎キムチの塩加減はいろいろなので、味が足りなければ、作り方 **3** でナンプラーかしょうゆを鍋肌から加えてください。辛いのがお好みの方は、仕上げに一味唐辛子を。

## カレー風味のソースチャーハン

材料（2人分）
豚ひき肉　100g
玉ねぎ　1/2個
なす　1本
ピーマン　1個
コーンの水煮（缶詰）　大さじ2
サラダ油　大さじ1
カレー粉　小さじ2
卵　2個
ご飯（温める）　茶碗2杯分

A｜トマトケチャップ　大さじ1
　｜ウスターソース　大さじ2

塩、黒こしょう　各適量

作り方

1 玉ねぎはみじん切り、なすは1cmのさいの目に切って水にさらす。ピーマンは種とワタをのぞき、なすよりやや小さめに切る。卵は半熟の目玉焼きにして塩、こしょうをふる。

2 フライパンにサラダ油を強火で熱し、玉ねぎを炒める。玉ねぎが透き通ってきたらひき肉を加え、ポロポロになるまで炒め合わせる。

3 なすを加え、軽くしんなりするまで炒める。水気を切ったコーンとカレー粉を加えてざっと炒め、香りが立ったらご飯を加えて炒め合わせる。

4 Aを加え、まんべんなく混ざるようにフライパンを返しながら炒め合わせる。ご飯に火が通り、米粒がほぐれてきたら1のピーマンを加え、歯ごたえを残すように炒めてこしょうをひく。

5 器に盛り、目玉焼きをのせる。
◎お好みでソースをかけてどうぞ。

## サイコロステーキ混ぜチャーハン

材料（2人分）
サイコロステーキ用牛肉　200g

◎下味
にんにく（すりおろす）　1片
塩、黒こしょう　各適量

A
酒　大さじ2
しょうゆ、みりん　各大さじ1

ごま油　小さじ1
バター　10g
ご飯（温める）　茶碗2杯分
豆苗　1/2パック
万能ねぎ　適量
白ごま　大さじ2
黒七味　適量

作り方

1 牛肉は下味の材料をまぶしつける。豆苗は3cm長さに、万能ねぎは小口切りにする。

2 フライパンにごま油を強火で熱し、牛肉を焼く。香ばしい焼き目がついたらAを合わせ入れ、いりつけるように炒める。焼き汁が少し残っているくらいでバターとご飯を加え、さっくり混ぜて火を止める。

3 ごまと豆苗を加えてざっと合わせ、万能ねぎをちらして黒七味をふる。フライパンごと食卓へ。
◎うまみたっぷりの肉汁に温かいご飯を合わせるだけ。どちらかというと混ぜごはんのような、炒めないチャーハンです。

## ナシゴレン

材料（2人分）
むきえび（大）　10尾
玉ねぎ　1/2個
ゴーヤー　10cm
きゅうり　1/2本
サラダ油
　大さじ1と1/2
ご飯(温める)　茶碗2杯分
卵　2個
塩、黒こしょう　各適量
**サンバルソース**　大さじ3

作り方

1 えびは半分に切る。玉ねぎは1cmの角切りにする。ゴーヤーは種とワタをのぞいて薄切りにし、ざるに入れて塩で軽くもんで熱湯をかける。すぐに冷水をかけて青くささを取る。きゅうりは縦半分にしてから斜め薄切りにし、ゴーヤーと合わせる。
2 フライパンにサラダ油を強火で熱し、玉ねぎを炒める。透き通ってきたらえびを加えて炒め合わせ、軽く塩、こしょうをふる。えびの色が変わったらご飯を加え、フライパンを返しながらよく炒める。
3 ご飯に火が通り、米粒がほぐれてきたらサンバルソースを加え、まんべんなく混ざるまでさらに炒める。
4 器に3を盛り、半熟に焼いた目玉焼きをのせて、1のゴーヤーときゅうり、サンバルソース適量（分量外）を添える。

### サンバルソース

材料（作りやすい分量）
トマトケチャップ　大さじ6
ナンプラー　小さじ4
きび砂糖　大さじ1
豆板醤　小さじ1
酢　小さじ2
にんにく（すりおろす）　1片

作り方
すべての材料を混ぜ合わせる。
◎冷蔵庫で1ヶ月間ほど保存可。
◎蒸し鶏や唐揚げのタレの他、エスニック風焼きそばの調味料としても使えます。

# ［雑炊、おじや、汁かけごはん、ドリア］

## くずしたかぶのスープ雑炊

材料（2人分）

かぶ　2個

A
- チキンスープの素（刻む）　1/2個
- バター　10g
- ローリエ　1枚
- 塩　ひとつまみ
- 水　1カップ

かぶの葉　1個分

ハム　2枚

牛乳　1/2カップ

ご飯　茶碗に軽く2杯分

溶けるチーズ　30g

塩、黒こしょう　各適量

作り方

1 かぶは皮ごと4等分のくし形切りに、葉は2cm長さのざく切りにする。ハムは十文字に切る。

2 厚手の鍋に1のかぶとAを入れてふたをし、強火にかける。煮立ったら弱めの中火にし、10分ほどフツフツと蒸し煮にする。かぶがやわらかくなったら一度火を止め、木べらなどでおおまかにくずす。

3 再び中火にかけ、ハムと牛乳を加えて軽く煮る。煮立ったらご飯とかぶの葉を加えてひと煮し、塩で味をととのえる。火を止めてチーズを加え、器に盛ってこしょうをひく。

◎ハムの代わりにはんぺんやさつま揚げでもおいしくできます。

## 豆腐豆乳雑炊

材料（2人分）

A
- 酒　大さじ1
- ナンプラー　大さじ1と1/2
- スライス干ししいたけ　5g
- 鶏ガラスープの素　小さじ1
- 水　2カップ

ご飯　茶碗に軽く1杯分
木綿豆腐　1丁
豆乳　3/4カップ
にら　2〜3本
塩　少々
黒こしょう　適量
ごま油　小さじ1

作り方

1 鍋にAを入れ、強火にかける。煮立ったらご飯を加える。ほぐれてきたら豆腐をくずし入れる。

2 ご飯が煮汁を吸ってふっくらしてきたら、豆乳と2cm長さに切ったにらを加える。混ぜながら煮、フツフツしてきたら火を止める。塩で味をととのえ、こしょうをひいて風味づけのごま油を落とす。
◎豆乳を加えたら火加減に注意。煮立てると分離してしまいます。

## トマトと卵の洋風雑炊

材料（2人分）
トマト　1個
卵　1個
粉チーズ　大さじ2
チキンスープの素（刻む）
　1と1/2個
ご飯　茶碗に軽く2杯分
バター　10g
パセリ　適量
塩、黒こしょう　各適量

作り方

1 トマトはひと口大の乱切りにする。卵は溶きほぐし、粉チーズを加えて混ぜる。
2 鍋に水3カップとチキンスープの素を入れ、強火にかける。煮立ったらご飯とバターを加え、ご飯が煮汁を吸ってふっくらしてきたらトマトを加え、塩で味をととのえる。再び煮立ったら1の溶き卵を加え、半熟で火を止める。
3 器に盛り、こしょうをひいて、刻んだパセリをちらす。

## みそチーズおじや

材料（2人分）

A｜鶏ガラスープの素、酒　各大さじ1
｜水　3カップ

みそ（淡色）　大さじ1と1/2
溶けるチーズ　50g
ご飯　茶碗に軽く2杯分
万能ねぎ　適量
黒こしょう　適量

作り方

1 鍋にAを合わせ入れ、強火にかける。煮立ったらみそを溶き入れる。ご飯を加えてひと混ぜし、弱火で煮る。

2 ご飯が煮汁を吸ってふっくらしたら、チーズを加えて火を止める。

3 器に盛り、小口切りにした万能ねぎをちらしてこしょうをひく。

## 卵のおじや

材料（2人分）

A｜だし汁　3カップ
｜薄口しょうゆ　小さじ2
｜塩　小さじ1/4

ご飯　茶碗に軽く2杯分
卵　2個
のりの佃煮（市販）　適量

作り方

1 土鍋にAを合わせ入れ、強火にかける。煮立ったらご飯を加え、ごく弱火にしてふたをし、出てきたアクをすくいながらご飯がやわらかくなるまで煮る。

2 煮汁がトロッとしてきたら溶き卵をまわし入れて火を止め、ふたをして蒸らす。のりの佃煮を添えて、土鍋ごと食卓に出す。

## アジア風おじや

材料（2人分）

A｜鶏ガラスープの素　小さじ2
　｜酒　大さじ1
　｜水　3カップ

ご飯　茶碗に軽く2杯分
ゆで卵　2個
香菜、すだち　各適量
黒こしょう、ごま油　各適量
ナンプラー　適量

作り方

1 香菜はざく切り、すだちは半分に切る。
2 鍋にAを合わせ入れ、強火にかける。煮立ったらご飯を加え、煮汁がほぼなくなり、ご飯がやわらかくなるまで煮る。
3 器に盛り、半分に切ったゆで卵と1の香菜をのせてこしょうをひく。ごま油を落とし、ナンプラーをかけてすだちをしぼる。
◎柑橘類はレモン、シークァーサー、ライム、かぼすなど何でも合います。

## 鶏と根菜のごま汁かけごはん

材料（2人分）
鶏もも肉　1/2枚（約130g）
ごぼう　15cm
かぶ　1個
かぶの葉　適量
にんじん　1/3本
ごま油　大さじ1/2

A
酒　大さじ1
鶏ガラスープの素　大さじ1/2

だし昆布　5cm角1枚
しょうゆ　小さじ2強
ご飯（温める）　茶碗2杯分
白ごま　大さじ1
柚子こしょう　適量

作り方

1. 昆布は水3カップに2時間ほど浸けておく。
2. 鶏肉はひと口大に切る。ごぼうは皮をこそげてひと口大の乱切りにし、水にさらす。かぶは皮ごと6等分のくし形切りにし、葉は1cm長さのざく切りにする。にんじんは乱切りにする。
3. 鍋にごま油を強火で熱し、2の鶏肉と根菜類を炒める。油がまわったらAと1の浸け汁を昆布ごと加える。煮立ったらアクをすくって弱火にし、野菜がやわらかくなるまで15分ほどコトコト煮る。
4. しょうゆで味をととのえ、かぶの葉も加えてひと煮する。昆布はひと口大に切って戻し入れる。
5. 器にご飯を盛って4をかけ、半ずりにしたごまをふりかけ、柚子こしょうをあしらう。

## 豚とクレソンの汁かけごはん

材料（2人分）
豚こま切れ肉　100g

A
酒　大さじ１
鶏ガラスープの素　小さじ２
水　３カップ

◎辛みそ
コチュジャン　大さじ1/2
みそ　小さじ１
ごま油　小さじ1/2

ご飯（温める）　茶碗２杯分
クレソン　１束
白ごま　小さじ２
塩　適量

作り方

1 辛みその材料を合わせる。
2 鍋にAを入れ、強火にかける。煮立ったらひと口大に切った豚肉を加え、弱火にしてアクをすくいながら煮る。豚肉が白っぽくなったら塩で薄めに味をととのえる。
3 器にご飯を盛り、3cm長さのざく切りにしたクレソンをのせる。2をかけて半ずりにしたごまをふり、1の辛みそをあしらう。

## もち入りかぶのスープかけごはん

材料（2人分）
もち　2個
かぶ　2個
かぶの葉　1個分

A｜鶏ガラスープの素　小さじ2
｜酒　大さじ1
｜バター　10g
｜水　3カップ

みそ（淡色）　大さじ1と1/2
ご飯（温める）　茶碗1杯分
柚子こしょう　適量

作り方

1 かぶは皮ごと8等分のくし形切りに、葉は2cm長さのざく切りにする。もちはオーブントースターや焼き網で焼き目がつくまで焼く。
2 鍋に1のかぶとAを合わせ入れ、強火にかける。煮立ったら弱火にし、かぶがやわらかくなるまで煮る。かぶの葉も加え、みそを溶き入れる。
3 器にご飯を盛り、1のもちをのせる。2をかけて柚子こしょうをあしらう。

## はんぺんと三つ葉の汁かけ飯

材料（2人分）
はんぺん　1枚
卵　1個

A｜だし汁　2と1/2カップ
｜酒　大さじ1

薄口しょうゆ　小さじ2
塩　適量
三つ葉　適量
ご飯（温める）　茶碗2杯分

作り方

1 はんぺんは1cmのさいの目切り、三つ葉は2cm長さのざく切りにする。
2 鍋にAを合わせ入れ、強火にかける。煮立ったら薄口しょうゆを加えて塩で味をととのえる。
3 2にはんぺんを加えてひと煮し、溶き卵を流し入れる。半熟で火を止め、三つ葉を加える。
4 器にご飯を盛り、3をかける。

## かぶとじゃがいものドリア

材料（2人分）
かぶ　2個
かぶの葉　1個分
じゃがいも　1個
ハム　2枚
ゆで卵　1個
ご飯　茶碗2杯分

A
チキンスープの素（刻む）　1/2個
バター　10g
塩　ひとつまみ
ローリエ　1枚
水　1/2カップ

牛乳、生クリーム　各1/2カップ
みそ（淡色）　小さじ2
ピザ用チーズ　60g
塩、ナツメグ、黒こしょう　各適量

作り方

1 かぶは皮ごと5mm厚さに、葉は1cm長さに切る。じゃがいもは半分にしてから5mm厚さに切る。ハムは十文字に、ゆで卵は縦4等分に切る。
2 厚手の鍋に1のかぶとじゃがいもを広げて入れ、Aを加えてふたをし、強火にかける。煮立ったら弱火にし、15分ほど蒸し煮にする。
3 野菜がやわらかくなったら一度火からおろし、木べらなどでおおまかにつぶす。牛乳と生クリームを加えて弱火にかけ、みそを溶き入れる。煮立ったら塩、ナツメグ、こしょうで味をととのえ、ご飯とかぶの葉を加えて軽く煮る。
4 薄くバター（分量外）をぬっためいめいの耐熱皿に3を半量ずつ入れ、ハムとゆで卵をのせる。チーズをふりかけ、温めておいたオーブントースターで焼き色がつくまで6～7分焼く。

# おかゆ

具合が悪いとき
お腹をやすめたいとき
あたたまりたいときに……

## 白がゆ、べっこうあん

材料（2人分）
米　1合
水　5合
塩　ふたつまみ
**べっこうあん**　適量
しょうが（すりおろす）
　適量

作り方

1 米はといでざるに上げ、土鍋にあける。分量の水を加えてそのままふたをし、強火にかける。
2 **1**が煮立ったら鍋底につかないようしゃもじでひと混ぜし、弱火にする。ふたを少しずらし、米がおどらない程度のフツフツとした状態で、30分ほど静かに炊く。塩を加えてふんわり混ぜる。
3 器に盛り、べっこうあんとおろししょうがをのせる。
◎余計な粘りが出るので、炊いている間はできるだけかき混ぜないでください。

### べっこうあん

材料（作りやすい分量）

A｜だし汁　1カップ
　｜酒　大さじ1/2
　｜しょうゆ　大さじ1

片栗粉　大さじ1と1/2
　（倍量の水で溶く）

作り方
小鍋に**A**を入れ、強火にかける。煮立ったら水溶き片栗粉を少しずつ加えてとろみをつける。

## 中国風鶏がゆ

材料（4～5人分）
鶏手羽先、鶏手羽元　各5本(合わせて約550g)

◎下味
にんにく(すりおろす)　1片
ごま油　小さじ1
塩　小さじ1/2

酒　1/2カップ
しょうが（皮ごと）　5mm厚さのもの2枚
長ねぎ（白い部分）　15cm
黒粒こしょう　6～8粒
もち米　2/3カップ

作り方

1 手羽先は先のとがった部分を切り離し、骨と身の間に切り込みを入れる。長ねぎは縦半分にしてから3等分に切る。

2 鍋に手羽元と手羽先（切り離した先の部分も）を入れ、下味の材料を加えてよくもみこむ。10分ほどおいて、酒とたっぷりの水（1リットルが目安）を注ぎ、しょうがを加えて強火にかける。

3 煮立ったらていねいにアクをすくい、長ねぎと粒こしょうを加え、弱火にしてふたを少しずらし、30分ほどコトコト煮込む。

4 さっと洗ったもち米を3に加え、時々木べらで混ぜながら、とろりとするまでさらに1時間ほど煮る。もち米が割れ、煮汁にとろみが出てきたら手羽先の先の部分としょうがを取りのぞく。
◎お好みでナンプラー、塩、香りづけのごま油、香菜をふりかけてどうぞ。

## みどりさんの茶がゆ

スタイリストの高橋みどりさんから教わった茶がゆは、サラッとして香りがよく、お酒を呑んだ翌朝にもぴったりです。
米80gはさっと洗って土鍋に入れ、８００㎖の水を加えます。お茶パックに小さじ2杯ほどの茶葉を詰めたものを放り込み、ふたをして強火にかけます。煮立ったらしゃもじでひと混ぜし、20分から30分、弱火でふつふつと炊いていきます。途中で何度かおねばをすくうのがサラッと仕上げるこつ。
みどりさんは、ほうじ茶か煎茶をその日の気分で使い分けているそうです。どちらもそれぞれに持ち味があるので、ほうじ茶の時には昆布や貝の佃煮など濃い味つけのものを、煎茶にはあっさりと梅干しか、しょうがをみじん切りにしておかかで和えたもの（しょうゆをちょっとかける）を合わせたりして。
この分量で作ると、２人で食べて軽くおかわりもできるくらいのちょうどいい量です。

# インデックス

## 作りおきしておくと便利なもの



## いり卵・いり豆腐・錦糸卵

高山なおみ

1958年静岡県生まれ。レストランのシェフを経て料理家に。文筆家としての顔も持つ。著書に、『帰ってから、お腹がすいてもいいように思ったのだ。』（文春文庫）、『日々ごはん①〜⑫』『おかずとご飯の本』『チクタク食卓（上）（下）』（以上アノニマ・スタジオ）、『今日もいち日、ぶじ日記』（新潮文庫）、『高山ふとんシネマ』（幻冬舎）、『気ぬけごはん』（暮しの手帖社）、『料理＝高山なおみ』『押し入れの虫干し』（以上リトルモア）、『新装 高山なおみの料理』『高山なおみのはなべろ読書記』（以上 KADOKAWA メディアファクトリー）、『きえもの日記』（河出書房新社）など多数。
公式ホームページ　www.fukuu.com



アートディレクション・デザイン＝有山達也
デザイン＝中本ちはる（アリヤマデザインストア）
撮影＝齋藤圭吾
スタイリング＝高橋みどり
イラストレーション＝牧野伊三夫
編集＝赤澤かおり
　　　村瀬彩子　稲盛有紀子（京阪神エルマガジン社）

# 実用の料理　ごはん

2015年12月1日　初版第1刷発行

著者＝高山なおみ

発行人＝今出 央

発行所＝株式会社京阪神エルマガジン社

〒550-8575 大阪市西区江戸堀1-10-8
編集 ☎06-6446-7716
販売 ☎06-6446-7718
ホームページ　www.Lmagazine.jp

印刷・製本＝大日本印刷株式会社


ISBN978-4-87435-489-6　C0077